Rolf Leicher

Telefonzentrale und Besucherempfang

- Kunden kompetent begrüßen
- Gewinnend telefonieren
- Mit schwierigen Anrufern umgehen
- Professionell auftreten

NewBusinessLine

WIRTSCHAFT

Rolf Leicher
Telefonzentrale und Besucherempfang
Kunden kompetent begrüßen / Gewinnend telefonieren / Mit schwierigen Anrufern umgehen / Professionell auftreten
Frankfurt: Redline Wirtschaft, 2004
ISBN 3-636-01090-5

Unsere Web-Adresse:
http://www.redline-wirtschaft.de

Umschlag: INIT, Büro für Gestaltung, Bielefeld

Ein Unternehmen der Süddeutscher Verlag Hüthig Fachinformationen
Satz: satzstudio@zeiner.net
Druck: Himmer, Augsburg
Printed in Germany

Inhalt

Vorwort

Das größte Problem im Telefonistinnenberuf liegt in der Gesprächsführung. Die technische Handhabung der Telefonanlage ist rasch erlernt und macht eigentlich keine Schwierigkeiten. Aber der Umgang mit ungeduldigen und oft auch aggressiven Kunden sowie die undisziplinierten Kollegen machen praktisch jeder Telefonistin immer wieder zu schaffen.

Hinzu kommt, dass die Telefonistinnenaufgabe hinsichtlich ihrer vielfältigen Anforderungen (Stressbelastbarkeit, sprachliches Können, Verkraftung schwieriger Anrufer) allgemein zu wenig anerkannt ist. Und schließlich werden Telefonistinnen auch auf der organisatorischen Seite oft zusätzlich strapaziert, wie etwa durch unzureichende Infos vom Betrieb. Dass Telefonistinnen gelegentlich aus Unwissenheit Probleme aufgrund ihres falschen Verhalten (langes Wartenlassen, Fehlverbindungen wegen unzureichender Fragetechnik usw.) provozieren, ist bedauerlich. Wer sich als Telefonistin menschlich, sprachlich und psychologisch das nötige Fähigkeitspotenzial erarbeitet, dem wird die Aufgabe viel Befriedigung geben. Es gibt nur wenige Berufe, in denen man ununterbrochen so viel Menschenkenntnis und Geschicklichkeit im psychologischen Umgang mit anderen erlernen kann.

Ich wünsche Ihnen, dass dieses Buch Ihnen wertvolle Anregungen und Erkenntnisse für Ihre berufliche Praxis mit auf den Weg gibt. Aber: Was geschieht eigentlich nach dem ersten Lesen? Wie können Sie den konkreten Gewinn des Buchinhalts für Sie persönlich sicherstellen? Sie markieren natürlich wichtige Stellen im Text, das ist wichtig. Aber reicht das aus? Wenn Sie an Ihrem Arbeitsplatz sind und das Buch gelesen haben, was machen Sie dann? Die Erfahrung zeigt, dass ein Buch oft dort liegen bleibt, wo man es am ersten Tag nach dem Lesen hingelegt hat. Wenn Sie dann erst nach Monaten wieder einmal das Buch zur Hand nehmen, können Sie sich meist nicht mehr an den Inhalt erinnern. Das sollte vermieden werden.

Machen Sie daher Folgendes:

Notieren Sie schon während des Lesens alle wichtigen Gedanken – lieber zu viel als zu wenig. Lesen Sie dann die Punkte nach einer Woche noch einmal durch. Machen Sie sich dabei persönliche Vorsätze. Kontrollieren Sie zu einem späteren Zeitpunkt, was Sie erreicht haben und entscheiden Sie, was Sie danach tun wollen. Schaffen Sie sich einen richtigen Aktionsplan für die Umsetzung des Buchinhalts.

Herbst 2004
Rolf Leicher
Heidelberg

Danksagung

An allererster Stelle danke ich meiner Frau, die mit viel Geduld mit mir Manuskriptseiten durchgearbeitet und geschrieben hat. Ihr verdanke ich auch viel Input, den sie als Anruferin in Telefonzentralen verschiedener Firmen geliefert hat. Ich danke ebenfalls den Seminarteilnehmern der Lehrgänge »Telefonzentrale«, die mir viele Ideen geliefert haben. Auch Freunden und Bekannten muss ich Dank aussprechen für wichtige Informationen, vor allem zum Kapitel »Stressbewältigung«. Und was wäre mein Buch Wert, wenn ich nicht die Gelegenheit gehabt hätte, in vielen Telefonaten mit der Telefonzentrale und den Damen dort über die Themen, die in diesem Buch behandelt werden, zu sprechen.

Ein Buch ...

für alle, die am Telefon in der Zentrale Gespräche annehmen, sowie für die Damen oder Herren, die am Empfang arbeiten.

für alle, die in Behörden und in den Verwaltungen Telefonate von Bürgern und Geschäftsleuten entgegennehmen.

für alle Damen, die als Aushilfs- oder in Teilzeitkraft am Telefon sitzen und Anrufe entgegennehmen (bzw. deren Einarbeitung).

für alle, die sich trotz Erfahrung am Telefon weiterverbessern wollen (Perfektionsstreben).

für Vorgesetzte, die wissen möchten, was man von einer Telefonistin erwarten darf und die dieses Buch zu Schulungszwecken verwenden wollen.

für die Helferinnen, die in der Arztpraxis Gespräche von Patienten entgegennehmen. Diese Zielgruppe sollte allerdings das Wort »Patienten« durch »Kunde« ersetzen.

für die Empfangsdamen an der Rezeption eines Hotels.

für Sekretärinnen und Assistentinnen, die den Telefondienst zeitweise übernehmen müssen.

Teil 1
Die Ausgangssituation

1. **Aufnahme des Kontaktes**
»Firma XY, guten Tag.«
oder »Guten Tag – Sie sprechen mit ...«

2. **Analyse der Situation**
»Um was geht es bitte?«
»Rufen Sie privat oder von einer Firma an?«

3. **Antwort auf Kundenfragen**
»Da müsste ich Sie mit ... verbinden.«
»Seine E-Mail-Adresse lautet ...«

4. **Angebot eines Termins**
»Kann er Sie morgen um ... zurückrufen?«
»Unsere Gesprächszeiten sind ...«

5. **Antwort auf Einwände**
»Ja, das würde ich gerne tun, aber ...«
»Ich würde Ihnen gerne helfen, allerdings ...«

6. **Abschluss oder Ausblick**
»Schönen Tag und auf Wiederhören.«
»Vielen Dank für Ihr Verständnis – Auf Wiederhören.«

2. Was ist beim Telefonieren schwierig?

Sicher: Telefonieren an sich ist einfach. Man hebt den Hörer ab, wenn es läutet und spricht dann. Telefonieren kann also jeder. Aber erfolgreich telefonieren? Am Telefon die gesteckten Ziele erreichen? Mit schwierigen Gesprächspartnern fertig werden, die man oft nicht einmal persönlich kennt? Mit einem schwierigen Namen klar kommen? Einen lästigen Kunden, der Sie immer wieder mit irgendwelchen Kleinigkeiten nervt, abwehren, ohne ihn zu vergraulen? Diese und viele andere Probleme machen erfolgreiches Telefonieren schwierig.

Testen Sie Ihr Verhalten am Telefon

☒ stimmt: J = ja, M = manchmal, N = nein	J	M	N
1. Ich mache am Telefon oft Versprechungen, von denen ich im Voraus weiß, dass ich sie nicht halten kann.	☐	☐	☐
2. Für Rückrufe notiere ich mir zwar die Telefonnummer und den Namen, vergesse aber den Sachverhalt zu notieren.	☐	☐	☐
3. Wenn ich den Namen eines Gesprächspartners nicht verstanden habe, ist es mir peinlich, nachzufragen. Ich umgehe im Gespräch dann einfach die Namensnennung.	☐	☐	☐
4. Ich lasse Gesprächspartner schon mal einige Minuten am Telefon warten, um mir Unterlagen zu holen.	☐	☐	☐
5. Ich biete nicht immer Hilfe an.	☐	☐	☐
6. Ich weiß meistens nicht aktuell, wer im Büro gerade anwesend bzw. abwesend ist.	☐	☐	☐
7. Mir ist nicht bekannt, wer gerade im Urlaub ist.	☐	☐	☐
8. Die Zuständigkeiten kenne ich nicht ganz genau.	☐	☐	☐
9. Freundlichkeit fällt mir bei Stress und Hektik schwer.	☐	☐	☐
10. Manche Anrufer nerven mich mit ihren Wünschen.	☐	☐	☐
11. Die Wirkung von positiven und negativen Worten ist mir nicht so richtig bewusst.	☐	☐	☐

Wahrscheinlich haben Sie einige Male mit »stimmt« oder »manchmal« geantwortet. Die meisten Ihrer »Probleme« kannten Sie sicher auch schon vorher. Aber schlechte Angewohnheiten am Telefon sind hartnäckig, gegen sie scheint kein Kraut gewachsen zu sein. Aber man kann sie dennoch abstellen. Den ersten Schritt dazu haben Sie bereits getan: Sie haben sich Ihr Telefon-Verhalten bewusst gemacht. Im zweiten Schritt nehmen Sie sich eine Verhaltensweise vor, die Sie besonders stört. Achten Sie vor allem auf diese. Und jedes Mal, wenn Sie sich ertappen, korrigieren Sie sich sofort. Dann werden Sie in kürzester Zeit diese Verhaltensweise in den Griff bekommen.

Die Telefonistin – Visitenkarte des Betriebs?

Gibt es das in Ihrem Betrieb auch?

Telefonistin:	*»Lämmler, Sabine Herbst«*
Anrufer:	*»Hartmann & Söhne, mein Name ist Bender, guten Morgen. Ist Herr Rudel da?«*
Telefonistin:	*»Oh je – ich glaube nicht. Moment.«*
Anrufer:	Nach fast drei Minuten Wartezeit. *»Hallo – Hallo?«*
Telefonistin	meldet sich endlich: *»Sind Sie noch da?«*
Anrufer:	*»Ja, ich warte auf Herrn Rudel, schon eine Ewigkeit.«*
Telefonistin:	*»Der ist nicht da, tut mir echt Leid. Eine Ewigkeit warten Sie aber nicht.«*
Anrufer:	*»Wann kommt er denn wieder?«*
Telefonistin:	*»Das weiß ich leider nicht.«*
Anrufer:	*»Ist die Sekretärin da?«*
Telefonistin:	*»Nein, die ist auch nicht da.«*
Anrufer:	*»Ja, es geht da um den Auftrag über die …«*
Telefonistin	unterbricht: *»Moment, ich lege Sie mal gerade um.«*

Was macht ein Vorgesetzter mit so einer Telefonistin? Ihr ein Buch zum Lesen geben? Auf ein Seminar schicken? Oder entlassen? Jedenfalls ist Handlungsbedarf gegeben.

Da stellt sich auch die Frage, wer die Dame eingestellt hat. Denn da fehlt anscheinend ein Anforderungsprofil für die Zentrale. Schnell könnte der Verdacht entstehen, dass man sich beim Einstellungsgespräch einer Telefonistin nicht viel mehr Mühe gibt als bei der Einstellung einer Putzfrau. Beide miteinander zu vergleichen, dürfte vor allem die Dame in der Telefonzentrale provozieren. Es gibt zwar keinen Lehrberuf »Telefonistin«, erlernen muss man diesen anspruchsvollen Job aber trotzdem.

Ist das Telefonkultur?

1. Erreichbarkeit

Etwa 20 %
der Anrufer erreichen ihren Ansprechpartner nicht

2. Wartezeit

Etwa bis zu 3-mal
werden Anrufer verbunden

3. Unwissenheit

Etwa 40 %
der Mitarbeiter haben nicht die nötigen Informationen

4. Abwicklung

Etwa 26 von 100
Fällen werden schleppend beantwortet

5. Aufschub

Etwa 50 %
der Anrufer werden mit einem Rückruf vertröstet

6. Mundwerbung

Etwa 6- bis 12-mal
wird ein negatives Telefongespräch weitererzählt

7. Kompetenz

Etwa 30 %
der Antworten sind falsch oder unvollständig

8. Ausstrahlung

Nur etwa 50 %
der Telefongespräche finden in einem guten Klima statt

9. Einsatz

Etwa 25 %
der Mitarbeiter setzen sich nicht aktiv für den Kunden ein

10. Zuverlässigkeit

Etwa 30 %
der versprochenen Rückrufe, Mails usw. erfolgen pünktlich

Anweisung an die Telefonzentrale

1. Reaktionszeit

Jeder, der uns anspricht oder anschreibt, hat ein Recht auf eine *schnelle Antwort*. Innerhalb von 24 Stunden sollte ein Rückruf, eine E-Mail-Antwort, ein Brief oder ein Fax veranlasst sein, auch wenn es noch nicht die gewünschte Information enthält. In der Antwort kann der Empfang bestätigt werden, angegeben werden, wer sich bis wann konkret darum kümmert oder wenigstens, dass man das Anliegen weitergegeben hat.

2. Erreichbarkeit

Unsere Telefone erlauben das *Umschalten* auf einen Kollegen, der während der eigenen Abwesenheit wirklich an seinem Platze sitzt und auch über die Umschaltung informiert ist! Wer diese Technik nicht konsequent nutzt, schadet dem Firmenimage beim Kunden. Auch das Mittagessen ganzer Abteilungen in Gruppenstärke ist nicht sehr kundenfreundlich, wenn das Büro derweil unbesetzt bleibt.

3. Zuverlässigkeit

Eine *zugesagte* Antwort, ein Angebot oder eine Auskunft muss auch unter allen Umständen eingehalten werden. Ein Kunde hat Verständnis, wenn eine qualifizierte Leistung etwas Zeit benötigt. Aber wenn ein Termin genannt wird, muss der Kunde sich darauf *verlassen* können.

4. Kontakthäufigkeit

Wichtige und erklärungsbedürftige Auskünfte, Angebote, Stellungnahmen und Antworten auf Reklamationen müssen dem Kunden *persönlich* erläutert werden. Wir haben heutzutage den großen Vorteil, dass die meisten unserer Kunden schnell erreicht werden können. Gerade neue Kunden sollten beim ersten Kontakt persönlich besucht bzw. angesprochen werden. Dies spart in der Zukunft viel Zeit und schafft Vertrauen.

5. Vollständigkeit

Unsere Aussagen müssen einfach, klar verständlich und *vollständig* sein. Berücksichtigen Sie alle W-Fragen: Wer macht was, für wen, womit, wozu, wie – und zu welchen Bedingungen (Preis und Konditionen).

6. Gesprächsklima

Egal, ob ein Kundenkontakt einen angenehmen oder unangenehmen Anlass hat, er sollte unsererseits von Freundlichkeit geprägt sein. *Freundlichkeit* schafft Wertschätzung.

7. Hilfsbereitschaft

Der Kunde interessiert sich nicht für unser persönliches Problem und möchte nicht wissen, ob der Kollege krank ist. Er schätzt eine Lösung seines Problems. Am Ende eines jeden Kundenkontakts sollten wir uns fragen: »Habe ich ihm jetzt weitergeholfen?« Hilfsbereitschaft bringt dem Kunden einen unmittelbaren *Nutzen.*

8. Kenntnisstand

Wir arbeiten im *Team.* Keine Dienstleistung kann verlässlich von einem allein erbracht werden. Das heißt, wir müssen uns bei jeder Gelegenheit mit Kollegen und Vorgesetzten über Kundenvorgänge abstimmen, so dass auch bei Abwesenheit eines Einzelnen der Vorgang weiter läuft.

9. Zuständigkeit

Kundenorientierung ist ein Mannschaftsspiel. Das heißt auch, dass der direkte Kontakt mit einem Kunden nicht von mehreren unkoordiniert nebeneinander erfolgen darf, sondern von einem Ansprechpartner geführt wird und mit den anderen Kollegen abgestimmt wird. Beim Kundengespräch treten Sie am besten *zu zweit* auf, mit vorher abgestimmten Rollen.

Kundenorientierung – machen Sie einen Test

☒ stimmt: J = ja, T = teils, N = nein

	J	T	N
1. Ich bin meist guter Laune und habe ein positives Bild, auch von schwierigen Kunden.	☐	☐	☐
2. Ich identifiziere mich mit meinem Kunden und setze mich für ihn ein.	☐	☐	☐
3. Der Mensch ist für mich wichtiger als die Produkte unserer Firma.	☐	☐	☐
4. Jeden Kunden begrüße ich mit einem Lächeln.	☐	☐	☐
5. Ich reagiere richtig, auch dann, wenn mein Kunde vorwurfsvoll reklamiert.	☐	☐	☐
6. Für Kunden habe ich mehr Zeit als für innerbetriebliche Aufgaben und Termine.	☐	☐	☐
7. Ich achte die Meinungen und Ansichten des Kunden, auch wenn ich eine andere Meinung habe.	☐	☐	☐
8. Ich erfasse die Wünsche des Kunden schnell und kann Lösungen anbieten.	☐	☐	☐
9. Meine Ausdrucksweise ist positiv, so dass sich der Kunde wohl fühlt.	☐	☐	☐
10. Schnelligkeit ist Trumpf. Briefe, Faxe und Mails werden innerhalb 24 Stunden beantwortet.	☐	☐	☐
11. Ich bin so begeistert von Produkt und Service, dass ich auch andere begeistere.	☐	☐	☐
12. Meine Zusagen und Versprechungen sind absolut zuverlässig.	☐	☐	☐

Auswertung:

Je mehr »Ja«, desto besser. Sie sollen mindestens achtmal »Ja« angekreuzt haben.

Teil 2
Die Grundregeln des Telefonierens

1. Melden Sie sich richtig

Ihre ersten Worte, wenn Sie ein Gespräch entgegennehmen, sind wie der erste »optische« Eindruck: Sie wirken in den ersten Sekunden sehr stark und sehr nachhaltig. Aber auch der Anrufer wirkt auf Sie und Sie machen sich so einen ersten Eindruck von ihm. Und das führt nicht selten zu Vorurteilen: »So eine unsympathische Stimme – dann ist der ganze Mensch nicht gerade sympathisch.« Oder: »Spricht der aber laut – wahrscheinlich ein Dynamiker.« Ein schlechter erster Eindruck schafft Vorurteile. Albert Einstein hat mal gesagt: »Es ist leichter, ein Atom zu zertrümmern als ein Vorurteil.« Also: Befreien Sie sich von Vorurteilen gegenüber Ihren Anrufern. Wer laut spricht, muss vielleicht wegen der Hintergrundgeräusche so reden.

Klingelt bei Ihnen das Telefon, so sollten Sie möglichst schnell abnehmen. Lassen Sie es nicht länger als drei- bis fünfmal läuten. Gehen Sie dennoch später an den Apparat, können Sie sich nach der Begrüßung kurz entschuldigen: »Es tut mir Leid, dass Sie einen Moment warten mussten.« Zur richtigen Begrüßung gehört auch der passende Tagesgruß: »Guten Morgen« ist nur bis etwa 10 Uhr geeignet, danach sollte man auf »Guten Tag« wechseln. Im süddeutschen Raum liegen Sie allerdings mit »Grüß Gott« den ganzen Tag richtig. Wenn Sie im Display schon sehen, wer anruft und wenn es ein Stammkunde ist, grüßen Sie mit »Hallo« und nennen seinen Namen. Stammkunden freuen sich, wenn sie als solche erkannt und begrüßt werden.

Zum richtigen Melden gehört es auch, dass Sie Ihren Firmennamen nennen – und zwar vor dem eigenen Namen. Eine Ortsbezeichnung kann entfallen, denn die ist dem Anrufer durch die Vorwahl bekannt.

Die Begrüßung besteht immer aus drei Bausteinen

Die Reihenfolge dieser drei Bausteine ist frei wählbar. Viele nennen an erster Stelle die Firma, dann den Namen (oder nur die Abteilung) und zum Schluss den Gruß. Haben Sie selbst einen komplizierten Namen, dann nennen Sie eben nur die Abteilung (Zentrale, Sekretariat). Verzichten Sie auf die Floskel »Was kann ich für Sie tun?«

Beispiel für die Begrüßung eines Anrufers

1. *»Firma Krause, Augsburg«*
2. *»Guten Morgen, mein Name ist Fischer von der Firma Krause«*
3. *»Hier ist die Firma Krause, guten Tag«*
4. *»Sie sprechen mit der Firma Krause, mein Name ist Fischer, guten Tag«*
5. *»Firma Krause, Fischer, Zentrale«*

6. *»Fischer, Firma Krause, Grüß Gott«*
7. *»Krause, Zentrale«*
8. *»Firma Krause, Telefonzentrale«*
9. *»Firma Krause, mein Name ist Karin Fischer, was kann ich für Sie tun?*

Erläuterungen:

Nr. 1 Der Standort Augsburg ist beim Melden überflüssig. Durch die Vorwahl von Augsburg weiß der Anrufer den Ort.

Nr. 2 Überflüssige Worte, wie »Mein Name ist« und »von der« können getrost weggelassen werden.

Nr. 3 Lassen Sie ruhig auch die überflüssigen Worte »Hier ist die« weg.

Nr. 4 Sie finden sicher selbst, welche Worte überflüssig sind.

Nr. 5 Wie bei Nr. 1 fehlt der Tagesgruß und der Vorname der Dame.

Nr. 6 Der Vorname fehlt. Der erste Baustein soll auch nie der Eigenname sein, sondern die Firma oder der Gruß.

Nr. 7 und Nr. 8 Eine Begrüßung darf nicht nur aus 2 oder 3 Wörtern bestehen. Das wirkt nicht gut.

Nr. 9 Die Floskel am Satzende ist schlecht. Der Vorname wirkt persönlich, das ist positiv.

Alle Leitungen belegt

Zu Stoßzeiten und bei Personalknappheit kann ein Anruf nicht immer angenommen werden. Die Telefonzentrale ist überlastet und der Anrufer wird dann durch die Bandansage begrüßt.

»Hier ist die Telefonzentrale der Firma ... Im Augenblick sind alle Leitungen ... Bitte legen Sie nicht auf, sobald eine Leitung frei wird, werden wir Ihren Anruf entgegennehmen.«

oder

»Willkommen bei ... (Firma)
Im Augenblick sind alle Leitungen belegt. Bitte haben Sie einen Moment Geduld. Wir werden Sie mit dem nächsten freien Platz verbinden.«

Dann ertönt eine Hintergrundmusik, was nicht jedermanns Sache ist. Aber immerhin ist eine solche Ansage noch besser als das Besetztzeichen. Ideal ist es, wenn die Telefonnummer des Anrufers gespeichert wird und die Telefonistin der angerufenen Firma später zurückruft. Eine andere Möglichkeit ist die »Weiterleitung des Anrufers«. Das hört sich dann so an:

Guten Tag, Sie sprechen mit ...

Möchten Sie die Auftragsbearbeitung sprechen, dann drücken Sie die 1

Möchten Sie den Versand sprechen, dann drücken Sie die 2

Möchten Sie die Technik sprechen, dann drücken Sie die 3

(es können noch eine Reihe weiterer Stellen genannt werden)

Dem Anrufer scheint geholfen zu sein. Aber dann kommt die Enttäuschung, wenn in der Abteilung nicht abgenommen wird oder besetzt ist oder die Voice-Box nicht eingeschaltet ist. Da wünscht sich der Anrufer wieder die freundliche Telefonistin, die in der Zentrale erreichbar ist und Informationen des Anrufers annimmt und zur Bearbeitung weiterleitet oder einfach seine Fragen kurz beantwortet. Also: Mit der Telefontechnik sind wir schnell an die Grenze gekommen, die menschliche Seite kann nur von einem Menschen bearbeitet werden, nicht von einem Computer.

2. Am Telefon mit Namen umgehen

Oft meldet sich jemand anders, als Sie am Telefon erwarten. Heißt der Kunde Müller, Meier oder Schmidt kann man das gut verstehen und ihn so ansprechen. Haben Ihre Kunden komplizierte Namen, wird es schwieriger. Und dann geht die Fragerei los: »Wie war doch gleich Ihr Name?« Eigentlich müsste es »Wie ist Ihr Name« heißen. Der Kunde nuschelt erneut seinen Namen und Sie haben ihn wieder nicht verstanden. Für Kunden ist es nicht gerade angenehm, wenn sie ihren Namen schon zu Gesprächsbeginn buchstabieren müssen.

Akzeptieren Sie, dass Sie zu Gesprächsbeginn den Namen nicht sofort verstehen. Ist zwar schade, denn nun können Sie den Kunden nicht namentlich ansprechen. Ist aber immer noch besser, als ihn falsch anzusprechen oder zu früh nach der Schreibweise zu fragen. Ein Beispiel: Der Kunde heißt Prezewowski und meldet sich so am Telefon. Wenn Sie Glück haben, können Sie den Namen wenigstens aussprechen: »Guten Tag, Frau Prozewowski«. Keine Angst, wenn Sie den Namen falsch aussprechen. Erfragen Sie den Namen und die Schreibweise erst, wenn der Anrufer sein Anliegen genannt hat. Wer den Namen des Kunden weiß, spricht ihn damit an. Sie wirken persönlicher, der Name schmeichelt. Vor allem der Tagesgruß lässt sich mit dem Namen gut verbinden. Statt »Guten Morgen«, also besser »Guten Morgen, Frau Müller«. Übertreiben sollten Sie es mit dem Namen aber nicht. In jedem Satz den Kundennamen zu nennen, ist auf alle Fälle zu viel des Guten. Zur Begrüßung und Verabschiedung gehört allerdings der Kundenname. Auch ein »Danke« lässt sich gut mit dem Namen verbinden. Hat der Kunde einen Doppelnamen, so benutzen Sie beide Namen bei der Anrede. Wenn es um den akademischen Grad geht, achten Sie auf das Nord-Süd-Gefälle. Im Süden Deutschlands spielen der Titel und der akademische Grad eine viel größere Rolle als nördlich der Mainlinie.

Zum Zunamen gehört auch der Vorname. Melden Sie sich mit Ihrem Vor- und Zuname? Das wirkt! Bei neuen Kunden dürfen auch Sie den Vornamen erfragen: »Darf ich noch Ihren Vornamen erfahren?« Eine Ablehnung dürfte hier die Ausnahme sein. Im Adressenfeld wirkt es persönlicher, wenn Vor- und Zuname des Kunden stehen. Achten Sie aber auch hier auf die richtige Schreibweise (Günter z. B. kann man auch mit »h« schreiben). Wenn Sie eine im Unternehmen zuständige Person oder auch Ihren eigenen Namen nennen, dann vergessen Sie nicht den Vornamen: »Das bearbeitet Frau Antje Klein.« »Ich verbinde Sie mit Caroline Schnell.«

Haben Sie selbst einen langen oder ungewöhnlichen Namen, dann sprechen Sie ihn in der Kombination mit Ihrem Vornamen so aus: »Sie sprechen mit Frau Mikolajzak, Brigitte Mikolajzak«. Sie haben den Namen jetzt zwei Mal genannt, die Verständlichkeit ist doppelt so hoch, vor allem wenn Sie superdeutlich sprechen. Machen Sie danach eine Sekunde Pause zur »Verdauung« für den Kunden. Falls Sie Ihren Namen auf Kundenwunsch buchstabieren müssen, sprechen Sie die Buchstaben paarweise aus: Webebbny so – We-beb-bny, also immer zwei oder drei Buchstaben zusammen und eine kurze Pause dazwischen. Wenn der Kunde seinen Namen buchstabiert, wiederholen Sie die Buchstaben augenblicklich. Jeden Buchstaben, den Sie schreiben, wiederholen Sie laut in Ihrer Schreibgeschwindigkeit. Die Stellung des Namens innerhalb einer Aussage hat unterschiedliche Wirkung.

Ein Beispiel: »Herr Winkler, da kommen Sie besser direkt zur Beratung vorbei.«

Oder: »Da kommen Sie doch besser zur Beratung vorbei, Herr Winkler.«

Die zweite Form wirkt persönlich, freundlich. Die erste Aussage mit dem Namen zu Satzanfang hat einen auffordernden Charakter und könnte als schulmeisterhaftes Belehren verstanden werden. Der Name hat immer eine bestimmte Signalwirkung. Wenn Sie einen Kundennamen nennen, hört dieser viel aufmerksamer zu. Das Thema »Name« gilt auch für Produktbezeichnungen. Sind Produktbezeichnungen abgekürzt, nennen Sie nach der Abkürzung die Bezeichnung in Langform: »Es geht um F. M. S., also um Facility Management Systems.« Denken Sie immer daran: Begriffe, die der Kunde nicht versteht, gefährden den Gesprächserfolg.

Auch Abteilungsnamen sollten Sie möglichst »ausgeschrieben« nennen. Zum Beispiel: »Ich verbinde mit der M. E. L.« Woher soll der Kunde wissen, dass dies »Materialwirtschaft – Einkauf – Logistik« bedeutet?

→ Fazit

- Begrüßung und Verabschiedung mit dem Namen verbinden
- Komplizierte Namen richtig erfragen
- Mit Vornamen persönlich wirken
- Doppelnamen: beide Namen aussprechen
- Schreibweise des Namens beachten
- Wiederholungstaktik für den eigenen Namen nutzen
- Den Kundennamen nicht zu oft verwenden
- Akademische Titel wie Dr. sind Bestandteil des Namens

Wie wichtig ist der Name?

Ihr Test:

Nicht jeder heißt Müller oder Meier, Anrufer haben gelegentlich komplizierte Namen oder nuscheln, so dass Sie nicht viel verstehen.

1. Wie fragen Sie, wenn Sie den Namen nicht verstehen?
2. Wie verhalten Sie sich, wenn Sie ihn zum zweiten Mal nicht verstehen?
3. Wie oft nennen Sie den Namen des Kunden im Gespräch?
4. Wie begrüßen Sie bestimmt Anrufer, z. B. Stammkunden?
5. Welche Rolle spielt Ihr eigener Vorname und der Ihres Kunden?

Lösungen:

1. Fragen Sie immer höflich (bitte) und in der Gegenwartsform (ist).
   Beispiel: »Wie ist Ihr Name, bitte?«
2. Lassen Sie sich den Namen buchstabieren.
   Beispiel: »Würden Sie bitte Ihren Namen buchstabieren?«
3. Zu oft wirkt überfreundlich. Aber zu Gesprächsbeginn und beim Verabschieden nennen Sie den Namen.
   Beispiel: »Auf Wiederhören, Frau Müller.«
4. »Hallo, Herr ... oder Frau ...« wirkt sehr persönlich. Begrüßen Sie aber nicht jeden Anrufer so, sondern nur, wenn jemand öfter anruft.
5. Die Nennung des Vor- und Zunamens wirkt persönlich. Erfragen Sie unbekannte Vornamen.
   Beispiel: »Darf ich noch Ihren Vornamen erfahren?«

   Fragt der Anrufer warum, sagen Sie, dass dies Grundsatz Ihrer Firma ist, da ein Name aus Vor- und Zuname besteht.

Wie Sie mit Nummern und Buchstaben am Telefon umgehen

Flüssiges Buchstabieren schwieriger Namen führt zur richtigen Schreibweise. Die amtliche Buchstabiertabelle (Anton, Berta, Cäsar ...) riecht ein wenig nach Behörde und erfreut sich daher nicht sehr großer Beliebtheit. Wenn Sie Meier heißen und sich mit ay schreiben, nennen Sie nur diese beiden Buchstaben. Manche Namen lassen sich bildhaft viel besser beschreiben: z. B. »Fuchs« wie das Tier. »Baum« wie der Baum. »Hengst« wie das Tier. Wenn Sie schon das Buchstabier-ABC benutzen, halten Sie sich an die Tabelle. Als Profi bleiben Sie bei der amtlichen Bezeichnung.

Buchstabier-Tabelle

Deutsch:

A	=	Anton	N	=	Nordpol
B	=	Berta	O	=	Otto
C	=	Cäsar	P	=	Paula
D	=	Dora	Q	=	Quelle
E	=	Emil	R	=	Richard
F	=	Friedrich	S	=	Samuel/Siegfried
G	=	Gustav	T	=	Theodor
H	=	Heinrich	U	=	Ulrich
I	=	Ida	V	=	Victor
J	=	Julius	W	=	Wilhelm
K	=	Kaufmann	X	=	Xantippe
L	=	Ludwig	Y	=	Ypsilon
M	=	Martha	Z	=	Zeppelin
Ä	=	Ärger	CH	=	Charlotte
Ö	=	Ökonom	SCH	=	Schule
Ü	=	Übermut			

→ Empfehlungen

Ein »wie« entfällt; also: nicht A wie Anton, sondern Sie sagen nur Anton.

Doppelkonsonanten und Doppelvokale werden nicht hintereinander doppelt gesagt: Bei »Koopmann« sagen Sie dann zweimal Otto.

Für die Umlaute »ä«, »ö« und »ü« fehlen den meisten am Telefon die passende Bezeichnung. Es wirkt professionell, wenn Sie die Bezeichnungen aus der Tabelle verwenden.

Telefonnummern wie 24 40 80 sprechen Sie so aus: Zwo, Vier (Pause), Vier, Null (Pause), Acht, Null.
Machen Sie nach zwei Nummern immer eine Redepause zur Verständlichkeit. Bei ungerader Nummernfolge verwenden Sie Zweier- und Dreiergruppen.
Beispiel: 41796: Vier, Eins (Pause), Sieben, Neun, Sechs.
Das Gleiche gilt auch für Auftrags- oder Kundennummern, die Sie nennen (Zwei, Null – und nicht Zwanzig) kommen drei oder mehr gleiche Ziffern hintereinander, sagen Sie: »Dreimal die sieben.«
Beispiel: Vier – dreimal die Sieben – Acht, Neun, Acht« (4777898).

Was erwarten Anrufer von der Zentrale?

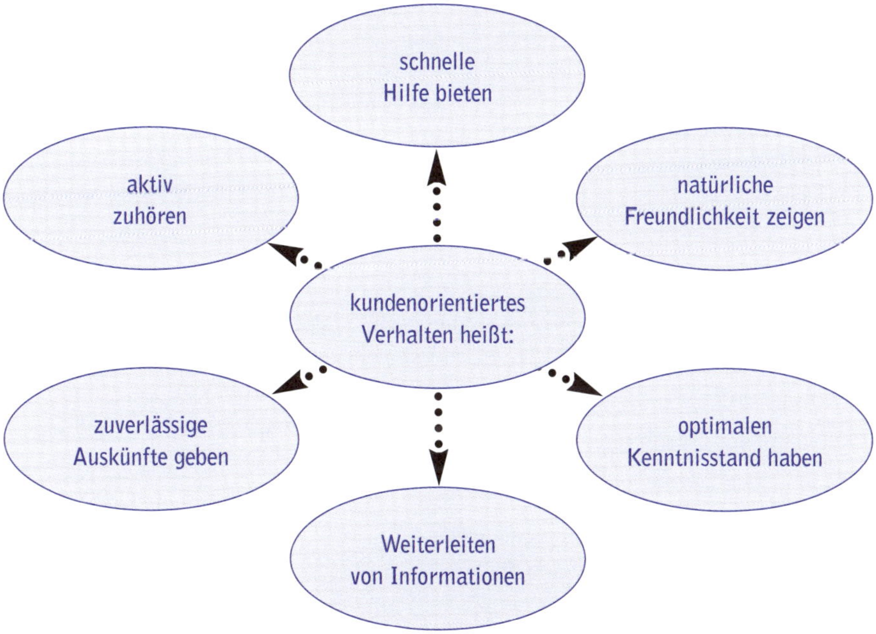

3. Was bei Rückrufvereinbarungen wichtig ist

Bevor Sie einen Anrufer am Telefon lange warten lassen, bis Sie die passenden Unterlagen gefunden haben, bieten Sie ihm besser einen Rückruf oder eine Antwort per Fax an. Denn: Wartezeiten am Telefon erscheinen etwa vier- bis sechsmal so lang wie die tatsächliche Zeitspanne. Das heißt, dem ungeduldigen Anrufer kommen 15 Wartesekunden vor wie 60 – und daran lässt sich auch durch Hintergrundmusik nichts ändern.

Auch wenn Sie die Telefonnummer des Anrufers im Display haben, lesen Sie diese, wenn Sie einen Anruftermin ausmachen, nochmals vor, um sicherzugehen, dass sie stimmt. Fragen Sie auch nach der Erreichbarkeit: »Wann sind Sie am besten erreichbar?« Akzeptieren Sie auch ungefähre Zeitangaben: »So gegen 11.30 Uhr.« Notieren Sie dann noch ein Stichwort über das Thema, um das es dem Anrufer geht. Auch wer wen zurückruft, sollten Sie festlegen und notieren. Und: Geben Sie Notizen gleich an Ihren Kollegen weiter, eventuell geben Sie sie ihm direkt in die Hand. Denn auf seinem Schreibtisch liegen schon andere Zettel, so dass Ihre Notiz dort untergehen könnte. Kunden sind übrigens recht verärgert, wenn versprochene Rückrufe nicht pünktlich erfolgen. Es ist daher besser, einen Zwischenbescheid zu geben, falls der Rückruf nicht eingehalten wird. Sie müssen dann aber einen neuen Termin vereinbaren.

Die ideale Rückrufvereinbarung

Ein Anrufer kann nicht erwarten, dass Sie gleich seine Fragen beantworten können. Aber Hilfe können Sie immer anbieten und dadurch ein gutes Erscheinungsbild schaffen und sich selbst als ernst zu nehmender Partner qualifizieren. Telefonische Hilfe besteht aus kleinen Ideen in verschiedenen Varianten.

1. Rückruf anbieten:
   »Darf ich das klären und Sie zurückrufen?«
2. Schriftliche Antwort vorschlagen:
   »Ich notiere mir das und nehme per Fax oder E-Mail Stellung. Sind Sie damit einverstanden?«
3. Sorgfältige Klärung zusagen:
   »Ich notiere mir Ihre Frage und kläre das bis etwa ...«
4. Persönliches Gespräch vorschlagen:
   »Es ist sicherlich besser, wenn Sie das einmal persönlich besprechen. Kann der Chef Sie wegen eines Termins heute noch zurückrufen?«

Statt	Besser	Beispiel
»Da rufen Sie doch noch einmal an.«	Rückruf anbieten	»Wann können wir Sie in dieser Sache zurückrufen?«
»Da bin ich leider nicht zuständig.«	Kompetenz nennen	»Darf ich Sie mit Frau Linder verbinden? Sie ist zuständig für …«
»Der ist in einer Besprechung, ich kann nicht nicht stören.«	Notizen machen	»Ich notiere mir die Angelegenheit und sorge für Erledigung.«
»Da meldet sich niemand.«	Durchwahl geben	»Darf ich Ihnen die Durchwahl geben oder sollen wir Sie später noch einmal anrufen?«

Kunden sind enttäuscht, wenn der Lieferant telefonisch nicht erreichbar ist. Auch die Voice-Box ist kein Ersatz für die persönliche Annahme von Kundenwünschen am Telefon.

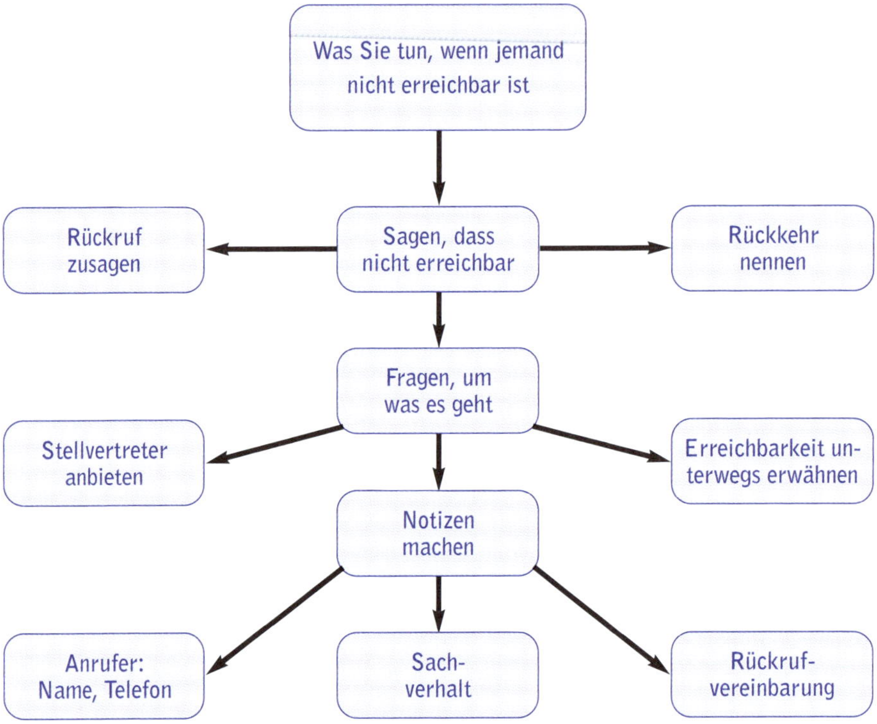

Sie geben dem Kunden einen Zwischenbescheid

Sie wollen Herrn Müller bei der Firma ABC mitteilen, dass etwas dazwischen gekommen ist und der versprochene Rückruf sich verschiebt.

Das Telefon klingelt beim Kunden (Firma ABC).

Kunde: *»Wagner, guten Tag.«*

Mitarbeiterin: *«Guten Tag, mein Name ist ..., ich hätte gerne Herrn Müller gesprochen.«*

K: *»Der ist nicht am Platz.«*

M: *»Wissen Sie, wann er zurückkommt?«*

K: *»Schwer zu sagen, um was geht es denn?«*

M: *»Ich wollte einen Zwischenbescheid geben. Er erwartet meinen Rückruf und ich muss ihn vertrösten wegen eines Liefertermins.«*

K: *»Ich kann ihm ja Bescheid geben oder Sie rufen noch mal gegen 15:00 Uhr an, geht das?«*

M: *»Das ist natürlich spät, denn wir sollten uns um 12:00 Uhr melden.«*

K: *»Oder ich leg' ihm einen Zettel hin, dass er Sie anruft.«*
M: *»Ja gut – haben Sie meine Telefonnummer?«*
K: *»Ja, die hab' ich.«*

➜ **Nutzen Sie Fax und E-Mail für Zwischenbescheide. Natürlich müssen Sie einen zugesagten Termin für einen Anruf unbedingt einhalten. Ist der Kunde nicht erreichbar, melden Sie sich schriftlich. Warten Sie nicht, bis der Kunde sich bei Ihnen meldet, kommen Sie ihm zuvor.**

Eingehende Telefongespräche – Probleme und Lösungsideen

Situation: Ein Kunde möchte einen Mitarbeiter sprechen, der aber nicht erreichbar ist. Das Gespräch geht automatisch an die Telefonzentrale. Wie reagieren Sie, wenn der Anrufer sagt, er hätte die Durchwahl gewählt?

Sicher ist Ihnen klar, dass die Reaktion Nummer 2 falsch ist.

→ **Tipp:**
Ihre Telefonnotizen müssen vollständig sein.
Name des Anrufers und Telefonnummer genügen nicht.
Notieren Sie zusätzlich den Sachverhalt, damit sich der Mitarbeiter vorbereiten kann. Und vereinbaren Sie eine günstige Rückrufzeit.

Telefonplaner

Telefonplaner für hereinkommende Anrufe

von:
für:

Datum Uhrzeit

1. Name (bitte buchstabieren lassen):

___

2. Firma:

___

3. Abteilung:

___

4. Telefonnummer mit Vorwahl und Durchwahl:
(Bitte sagen Sie mir noch einmal Ihre Telefonnummer.)

___

5. Was kann ich ausrichten? (Worum geht es?)

___
___
___

6. Wann können wir Sie für den Rückruf am besten erreichen?
am: ___ um: ___
am: ___ um: ___

___

7. Servicethema 8. Verkaufsthema

___

Das sollten Sie nie sagen

Probieren Sie es wieder, vielleicht nächste Woche.

mir Leid, er darf nicht gestört werden.

Er macht halt am liebsten alles selber.

Ich lege ihm einen Zettel hinein.

Da weiß nur er Bescheid.

4. In wenigen Sekunden sympathisch sein

»Seien Sie freundlich und bescheiden denn das mag die Kundschaft leiden.«

Wilhelm Busch

In Zeiten von Wilhelm Busch war Bescheidenheit wichtig, heute genügt Freundlichkeit. Was ist zu tun? Programmieren Sie sich positiv, achten Sie stärker als bisher auf Ihre innere Einstellung. Freundlichkeit heißt für Sie: den Kunden akzeptieren, ihn so annehmen, wie er ist und nicht, wie man ihn gerne hätte. Dazu gehört Verständnis für seine Laune, sein forsches Auftreten oder sein Meckern. Sie müssen akzeptieren, dass Menschen unterschiedlich sind. Aber: Freundlichkeit, die Sie geben, erhalten Sie (häufig) vom Kunden zurück. Den Kunden zu bejahen ist Ihr erster Schritt. Die erste Minute im Kundenkontakt ist dabei wichtiger als die folgenden drei oder fünf Minuten.

Schleimen: Übertriebene, unechte Höflichkeit. Worte und Mimik stimmen nicht überein mit der inneren Einstellung des Mitarbeiters. Sensible Kunden erkennen dieses Verhalten und lehnen es ab.

Schmeicheln: Echte Ausstrahlung aus einer positiven inneren Einstellung heraus, Freundlichkeit, die leicht fällt und dem Kunden schmeichelt.

Versuchen Sie nicht krampfhaft ihre Stimme sympathisch zu machen! Die Stimme entsteht aus der Stimmung des jeweiligen Menschen. Wenn Sie den Kunden sympathisch finden, ist Ihre Stimme auch sympathisch. Stress und Hektik reduzieren Sie am einfachsten und wirkungsvollsten mit einer positiven Ausstrahlung. Sie können sich das auf der Stelle beweisen. Stellen Sie sich etwas schrecklich Ärgerliches vor: den letzten Streit mit einem Freund/dem Partner, den Verkehrsstau vom letzten Sonntag, was immer Sie wollen.

Stellen Sie es sich ganz lebhaft vor. Merken Sie, wie Sie sich verkrampfen und das Gesicht anspannen? Wie Ihr Blutdruck steigt? Das ist Stress. So, und jetzt lächeln Sie bitte. Sie erkennen vielleicht, dass es unmöglich ist, Lächeln und Ärger gleichzeitig aufrechtzuerhalten. Beide Emotionen sind stark. Wenn aber beide gleich stark sind, können Sie sich willentlich für eine der beiden entscheiden. Entscheiden Sie sich mit dem Lächeln für eine positive Ausstrahlung und der Stress ebbt ab.

»Freundlichkeit ist nicht alles, aber ohne Freundlichkeit ist alles nichts«

Ihre Ausstrahlung beim ersten Eindruck

Für die gute Atmosphäre im Gespräch sind Sie verantwortlich. Ihre Ausstrahlung muss bei der Kundenbegrüßung entstehen. Denn: Der erste Eindruck entscheidet und bleibt meist! Und ein schlechter erster Eindruck schafft Vorurteile. Albert Einstein sagte einmal: »Es ist leichter, ein Atom zu zertrümmern als ein Vorurteil.« Den ersten Eindruck verschaffen wir uns in den ersten Sekunden einer Begegnung. In diesen Sekunden entstehen oft Urteile, genauer »Vorurteile«. Der so genannte »Halo-Effekt« verschlimmert diesen ersten Eindruck noch. Denn der Halo-Effekt besagt, dass der Kunde unbewusst nach dem auffälligsten Merkmal bei Ihnen Ausschau hält. Und dann verallgemeinert der Kunde: unfreundlicher Mitarbeiter heißt negative Bewertung der Firma. Ein ganzer Rattenschwanz von Eigenschaften wird noch angehängt, getreu dem Motto: Wer unsympathisch wirkt, den mag ich nicht. Und wen ich nicht mag, dem traue ich auch nicht zu, dass er mich zufrieden stellt.

Ein Lächeln kostet nichts. Lächeln macht zwar aus viel Arbeit nicht weniger, aber es macht sie leichter. Ein freundliches Gesicht macht das Kundengespräch nicht kürzer, aber um einiges angenehmer. Ein freundliches Lächeln wirkt sich auf die zwischenmenschliche Beziehung aus. So gesehen ist der Unterschied zwischen teilnahmsloser Pflichterfüllung und freundlicher Gesprächsführung gar nicht so unbedeutend.

☺ ☺ ☺ ☺

Verzerren Sie nicht Ihr Gesicht, sondern schauen Sie freundlich und entspannt. Stellen Sie sich den Anrufer lächelnd vor, wenn Sie mit ihm sprechen. Ein Lächeln macht Sie nicht nur sympathisch, wer lächelt, sieht einfach besser aus.

Tolerieren Sie andere

Jeder vertritt seinen Standpunkt und will Gehör finden oder gar Zustimmung. Halten Sie jetzt Ihre eigene Meinung zurück, lassen Sie den Kunden reden und stellen Sie ab und zu Fragen. Schreiben Sie Toleranz ganz groß, es macht Sie sympathisch. Tolerieren Sie jeden Dialekt. Ebenso Schnellsprecher und Schlafmützen. Lassen Sie sich nicht von der Stimme des Kunden beeindrucken. Sie kommen mit allen zurecht, wenn Sie die Eigenschaften anderer akzeptieren. Es ist ein typisches Merkmal Ihres Berufs, mit den unterschiedlichsten Typen klarzukommen. Wenn Ihre Ausstrahlung sympathisch wirkt, wird auch ein schlecht gelaunter Kunde auftauen.

Viele fühlen sich unwohl in ihrer Haut, sind uneins mit sich selbst und sehen eher schwarz als rosig. Die lebensbejahende Einstellung und dic Kraft des positiven Denkens ist den meisten gar nicht bewusst. Wie ist es mit Ihnen? Sind Sie wirklich positiv eingestellt? Halten Sie sich für einen Menschen, der mit viel Gelassenheit an die Probleme geht und auch größeren Ärger locker wegsteckt?

Was können Sie privat tun?

Pflegen Sie den Umgang mit optimistischen Menschen. Meiden Sie Stimmungstöter. Beenden Sie die Beziehung zu Leuten, die bei Ihnen, wenn Sie mit Ihnen zusammen waren, ein Gefühl der Entmutigung hinterlassen. Wählen Sie Freunde, die in Ihnen Tatkraft und Selbstvertrauen wecken. Nutzen Sie die stimulierende Kraft der Musik. Hören Sie zu Hause und beim Autofahren Ihre Lieblingsmusik. Sie versetzt Sie in eine entsprechende Grundstimmung. Eine positive Grundstimmung ist die beste Basis, mit den beruflichen Alltagsproblemen fertig zu werden. Wie ist es mit Ihnen? Sind Sie wirklich so positiv eingestellt, wie Sie sich selbst einschätzen?

Checkliste zum kundenorientierten Auftritt

☒ J = ja, N = nein

	J	N
1. Ich bin meist guter Laune und habe ein positives Bild vom Kunden.	☐	☐
2. Jeden Anrufer begrüße ich mit einem Lächeln.	☐	☐
3. Der Kunde ist für mich wichtiger als alles andere.	☐	☐
4. Mein Kunde fühlt schon im ersten Augenblick, dass er bei mir willkommen ist.	☐	☐
5. Für Kunden nehme ich mir viel Zeit.	☐	☐
6. Ich achte den Kunden und seine Meinung.	☐	☐
7. Ich rede nicht über Probleme, sondern suche nach Lösungen.	☐	☐
8. Meine Ausdrucksweise habe ich so gut trainiert, dass ich harmonische Gespräche führe, in denen der Kunde sich wohl fühlt.	☐	☐

Small-Talk mit Stammkunden

Mit einigen Anrufern sprechen Sie häufig – vielleicht jede Woche. Da kommt persönlicher Kontakt zustande, trotz Zeitknappheit. Es gibt Anrufer, die dann einen Small-Talk beginnen und dazu nimmt sich die erfolgreiche Telefonistin auch Zeit. Private Worte kosten vielleicht 30 oder 60 Sekunden Zeit, was aber eine Verstärkung des Kontaktes bedeuten wird. Ein paar nette Worte über persönliches Wohlbefinden, über das letzte Telefonat oder über Wetter, Urlaub und Feiertage binden den Anrufer an Ihr Unternehmen. Auch beim Verabschieden ist der Small-Talk möglich, falls er zu Gesprächsbeginn ausbleibt. »Schönen Tag noch« oder »Schönes Wochenende« sind Worte, die persönlich wirken. Der Wirkungsgrad wird noch durch eine angenehme Stimme erhöht. Mit etwas Fingerspitzengefühl weiß die Dame am Telefon schon, welcher Anrufer auf persönliche Worte Wert legt und wer lieber darauf verzichtet.

Welche Vorteile bringt Ihnen Sympathie?

Es macht Ihnen selbst Spaß, freundlich zu wirken, denn das hebt die eigene Stimmung. Bemühen Sie sich also aktiv um Sympathiegewinnung und machen Sie es nicht von Ihrer Laune abhängig. Freundlichkeit macht Stress erträglich.

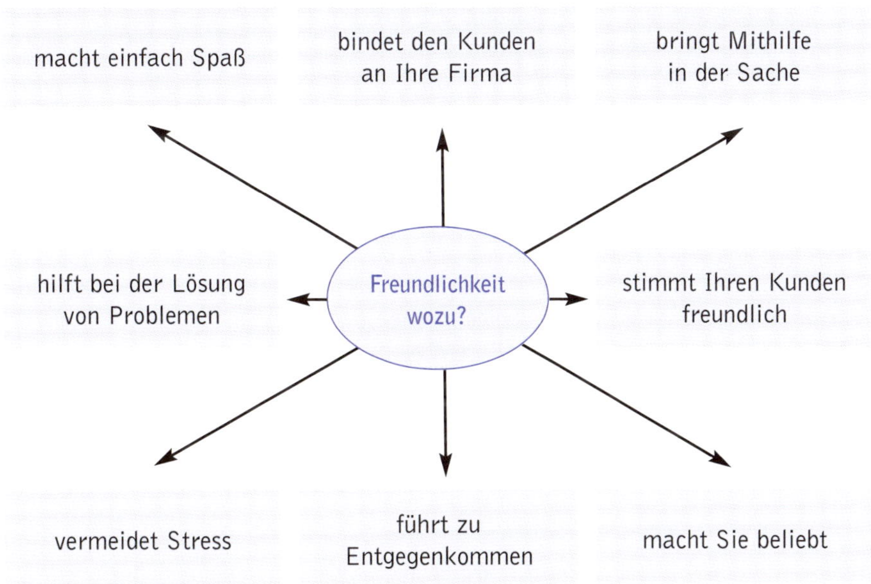

Sie haben es viel leichter mit Ihrer freundlichen Ausstrahlung, wenn Sie im Umgang mit sich selbst freundlich und positiv sind. Akzeptieren Sie sich selbst, jammern Sie nicht über Ihre Figur, Ihr Alter, Ihre Familie oder über Anrufer.

Besonders wirkungsstark ist Freundlichkeit zu Gesprächbeginn. In den ersten Sekunden, wenn der Kontakt beginnt, werden die Weichen gestellt für den weiteren Verlauf des Gesprächs. Ein guter Start beginnt mit einem freundlichen Gesicht (auch am Telefon) und positiven Worten. Keiner verlangt, dass Sie den ganzen Tag nur lächeln, aber in den ersten Sekunden eines Gesprächs ist es wichtig. Übrigens: Freundliche Gedanken machen ein Gespräch freundlich. Wer schlecht über andere denkt, kann nicht freundlich mit ihnen reden.

Das Ferngespräch

**Ein Mensch spricht fern, geraume Zeit,
mit ausgesuchter Höflichkeit,
legt endlich dann, mit vielen süßen
Empfehlungen und besten Grüßen
den Hörer wieder auf die Gabel –
doch tut er nochmals auf den Schnabel
(nach all dem freundlichen Gestammel)
um dumpf zu murmeln: Blöder Hammel!
Der drüben öffnet auch den Mund
Zu der Bemerkung: Falscher Hund!
So einfach wird oft auf der Welt
die Wahrheit wieder hergestellt**

**Eugen Roth
»Ernst und heiter«, dtv, München 1961**

Sympathie gefunden?

Für den ersten Eindruck gibt es keine zweite Chance.

Daher: nicht so: ☹ sondern so: ☺

»Es lebe der feine Unterschied«

Schauen Sie mal in den Spiegel, kurz bevor Sie den Telefonhörer abnehmen. Ihr Gesicht ist das Spiegelbild Ihres Inneren.

Denn: Willst Du vom Kunden Sympathie? Vergiss die eine Regel nie: Ersetze »Ich«, »mein«, »uns« und »wir« durch die Worte »Sie«, »Dein«, »Ihnen«, »Ihr« und in ein paar Sekunden hat man Sympathie gefunden.

Mit dem Kunden sprechen

Ein Telefonat für den Papierkorb

Mitarbeiterin:	*»Firma Kronenburg«*
Anrufer:	*»Wagner, guten Tag, ich möchte fragen, ob Sie am 2. Juni für das Seminar Telefonzentrale noch einen Platz frei haben«.*
Mitarbeiterin:	*»Oh je – da bin ich überfragt.«*
Anrufer:	*»Können Sie mal nachfragen?«*
Mitarbeiterin:	*»Der Chef ist im Augenblick leider nicht da.«*
Anrufer:	*»Wann kann ich denn Bescheid bekommen?«*
Mitarbeiterin:	*»Kann ich Ihnen nicht genau sagen, versuchen Sie es noch mal später, ich glaube, dann ist der Chef da.«*

Gesprächsverbesserung

Mitarbeiterin:	*»Firma Kronenburg, Andrea Klein, guten Tag«*
Anrufer:	*»Wagner, guten Tag, ich möchte fragen, ob Sie am 2. Juni für das Seminar Telefonzentrale noch einen Platz frei haben«.*
Mitarbeiterin:	*»Da ist Herr Weiß zuständig. Er ist aber leider nicht anwesend. Wann kann er Sie denn erreichen?«*
Anrufer:	*»Ja, können Sie es mir nicht sagen?«*
Mitarbeiterin:	*»Leider nicht, aber ich notiere mir gerne Ihren Wunsch und veranlasse einen Rückruf, Herr Wagner, oder möchten Sie eine Fax-Antwort?«*
Anrufer:	*»Na ja, gut, also meine Telefonnummer ist ... und die Vorwahl ist ...«*
Mitarbeiterin:	*»Danke. Wann ist die günstigste Rückrufzeit für Sie, Herr Wagner?«*
Anrufer:	*»So zwischen 12:30 Uhr und 16:00 Uhr, geht das?«*
Mitarbeiterin:	*»Ja, das geht, dann darf ich mich für Ihren Anruf bedanken, auf Wiedersehen.«*

Was muss am Telefon notiert werden?

Für Telefonnotizen gibt es in der Regel zwei Möglichkeiten: entweder ein weißes Blatt – möglichst nicht kleiner als DIN A5 – oder ein Formular. In vielen Firmen existieren Eigenentwürfe, die auf individuelle Gegebenheiten abgestimmt sind. Es kann jedoch auch auf gebrauchsfertige Verlagsentwürfe zurückgegriffen werden. Ist die Zeit für eine ausführliche Notiz zu knapp, sollten mindestens der Name des Anrufers und seine Adresse oder Telefonnummer notiert werden. Die Notizen wiederholen Sie am besten, damit der Anrufer korrigieren kann. Vollständig sind Ihre Notizen, wenn Sie Folgendes zu Papier gebracht haben: Wer hat wann angerufen, um was ging es und welche Zusage wurde am Telefon gemacht?

Zum richtigen Verhalten am Telefon gehört auch der Hinweis: »Ich notiere.« Auf diese Weise deuten Sie Ihren Gesprächspartner an, dass Ihnen bestimmte Angaben sehr wichtig sind und er nun langsam sprechen möge. Lautes Mitsprechen beim Notieren ist gut, weil Sie dadurch die Sprechgeschwindigkeit Ihres Partners beeinflussen können. Vor Beendigung des Gesprächs sollten Sie dem Anrufer mitteilen, was Sie nun mit dem Zettel tun – wer ihn beispielsweise bekommt – und wie es weitergeht.

Der Anrufbeantworter

Gelegentlich werden Sie einen Zwischenbescheid geben müssen, d. h., Sie rufen selbst an. Dann kann es sein, dass Sie auch mal nur den Anrufbeantworter erreichen.

Wenn Sie einen positiven Eindruck hinterlassen wollen, dann gehen Sie so vor:

1. Grüßen Sie! (Sie sprechen zwar mit einem Gerät, dieses wird aber später von einem Menschen abgehört!)
2. Nennen Sie deutlich Ihren ganzen Namen (auch wenn die Zielperson Sie gut kennt; vielleicht hört ein/e neue/r Mitarbeiter/in das Band ab?).
3. Nennen Sie Ihre Telefonnummer langsam zum Mitschreiben (damit der andere nicht fünfmal rückspulen muss, bis er sie notieren kann).
4. Erwähnen Sie kurz, worum es geht oder dass Sie ein Fax senden werden.
5. Verabschieden Sie sich wieder mit einem kleinen Gruß.

Sympathie: Woran erkennt man, dass der Kunde Sie akzeptiert?

Er nimmt sich Zeit für Sie	Er stellt persönliche Fragen	Er gibt Ihnen gerne Recht
Er zeigt Entgegenkommen	Er verzeiht kleinere Fehler	Er leistet Mithilfe
Er ist erreichbar für Rückrufe	Er bedankt sich für Ihre Hilfe	Er nervt Sie nicht mit Forderungen

Wissen Sie, dass ...

- ... fast 80 Prozent der Mitarbeiter davon überzeugt sind, sympathisch zu wirken?
- ... der erste Eindruck in weniger als zehn Sekunden entsteht?
- ... man zehn positive Wörter braucht, um ein negatives Wort auszugleichen?
- ... viele Mitarbeiter nicht mehr »Danke« sagen können, wenn ihnen ein Kunde entgegenkommt?
- ... Stammkunden zu Gesprächsbeginn einen Sekunden-Small-Talk erwarten?
- ... vorgespielte Freundlichkeit der Telefonistin nicht positiv wirkt?
- ... unsympathische Menschen länger im Gedächtnis des Kunden bleiben als sympathische?
- ... ein positives Gesprächsklima zwischen Ihnen und dem Kunden schneller sachliche Ergebnisse erzielen kann als ein negatives Klima?

Keine Zeit für Freundlichkeit?

Mit diesen acht Buchstaben (MARZIPAN) erreichen Sie 80 Prozent der möglichen Freundlichkeit:

M Mimik, Lächeln hört man durch die Stimme
A Ausdrucksweise und Wortwahl
R Recht geben, wenn der Anrufer Recht hat
Z Zuhören, zuhören, zuhören
I Innere Einstellung – sie muss stimmen
P Positive Worte (bitte und danke)
A Akzeptanz des Anrufers, ihn so nehmen, wie er ist
N Namen des Anrufers nennen

unfreundlich:	*»Da müssen Sie mir erst Ihren Namen sagen.«*
freundlich:	*»Bitte sagen Sie mir Ihren Namen.«*
überfreundlich:	*»**Würden** Sie **bitte** so **nett** sein und mir **freundlicherweise** Ihren Namen sagen.«*

Innere Stimme der Telefonistin

Freundlichkeit je nach Laune?

Telefonistin denkt:	*»Der Kunde ist König und verdient eine freundliche Behandlung.«*
Innere Stimme:	*»Was hast du persönlich davon, freundlich zu sein? Das bringt dir nichts.«*
Telefonistin:	*»Ich muss freundlich sein, das gehört zu meinem Beruf. Der Kunde erwartet das von mir.«*
Innere Stimme:	*»Deine Freundlichkeit ist gespielt. Das hältst du nicht den ganzen Tag durch.«*
Telefonistin:	*»Ich muss es versuchen.«*
Innere Stimme:	*»Für Freundlichkeit wirst du nichts kriegen. Es lohnt sich nicht. Glaub mir.«*
Telefonistin:	*»Am Telefon muss ich freundlich sein. Sonst beschwert sich der Kunde noch über mich.«*

Bitte schicken Sie Ihre Informationen an meine Privatadresse:

Name/Vorname

Straße

Land/PLZ/Ort

Telefon/Telefax*

email*

oder an meine Firmenadresse:

Firma

Name/Vorname

Abteilung/Position

Straße

Land/PLZ/Ort

Telefon/Telefax*

email*

Ihre Bestellangaben werden von uns und den Unternehmen der Süddeutscher Verlag Mediengruppe, unseren Dienstleistern sowie anderen ausgewählten Unternehmen verarbeitet und genutzt, um Sie über Produkte und Dienstleistungen zu informieren. Wenn Sie dies nicht mehr wünschen, informieren Sie uns bitte.

*freiwillige Angabe

Bitte freimachen, falls Marke zur Hand

Antwort

REDLINE WIRTSCHAFT
z. Hd. Ursula Weber
Lurgiallee 6-8

D-60439 Frankfurt

Innere Stimme:	*»Quatsch! Keiner beschwert sich. Deine Kollegen in den anderen Abteilungen sind auch nicht immer so freundlich. Qualität und Preise sind doch wichtiger als Freundlichkeit.«*
Telefonistin:	*»Ich weiß nicht – vielleicht hast Du Recht. Es kommt auf andere Dinge als auf Freundlichkeit an.«*
Innere Stimme:	*»Genau! So ist es. Preise, Lieferzeit und auch Qualität sind wichtiger als nette Worte und Lächeln.«*
Telefonistin:	*»Wenn du meinst ... Gut, dann bin ich eben nur freundlich, wenn es mir gerade passt.«*
Innere Stimme:	*»Richtig, so ist es! Mach es so!«*
Telefonistin:	*»Danke für deinen Rat.«*
Innere Stimme:	*»O. K. Und vergiss mich nicht zu fragen, wenn Du wieder mal über Dein Verhalten nachdenkst.«*

Je mehr Sie über die Wirkung von Freundlichkeit wissen, desto eher können Sie Ihre »innere Stimme« »überwinden«. Den Kampf mit dem »inneren Schweinehund« gewinnen Sie! Denken Sie einmal daran, wie pflegeleicht schwierige Anrufer sein können, wenn Sie freundlich sind. Sie machen es ihm schwer, weiterhin schlechte Laune zu zeigen.

Gefühle haben Vorfahrt

Positive Signale des Senders wirken sich auf der Gefühlsebene des Empfängers aus. Also: Nicht immer »schnell zur Sache kommen« – erst emotional einwirken, vor allem wenn der Anrufer sich emotional äußert.

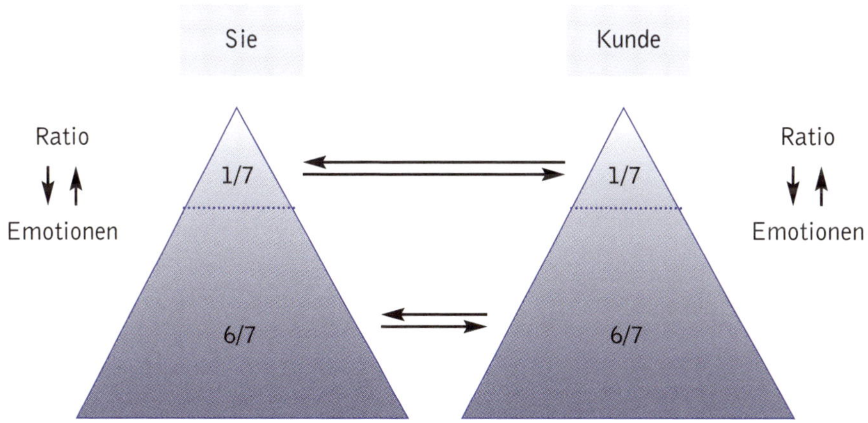

Ratio und Emotionen stehen in ständiger Wechselbeziehung. Da es mehr Emotionen gibt, wird der Verstand von den Gefühlen stärker beeinflusst. Äußert sich der Kunde emotional, dann antworten Sie ebenfalls emotional.

Der Verstand sendet und empfängt:

Zahlen, Daten, Fakten (ZDF)

Das Gefühl sendet und empfängt:

Vertrauen – Misstrauen
Sympathie – Antipathie
Gelassenheit – Wut
Selbstwert – Verletzung
Sicherheit – Angst

Viele positive Einwirkungen sind erforderlich, um ein verankertes Negativ-Gefühl beim Kunden zu beseitigen.

Nicht so 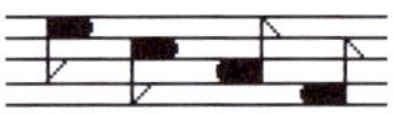 Tonleiter fallend

Sondern so!  Tonleiter steigend

5. Am Telefon Hilfe anbieten

Niemand verlangt von Ihnen, dass Sie alles wissen, auf jede Frage Antwort geben können. Hat der Kunde am Telefon eine Frage und Sie wissen keine Antwort, dann können Sie dennoch ein wenig kreativ sein. Denn mit »Tut mir Leid, da kann ich Ihnen nichts sagen« sprechen Sie eine Absage aus. Kunden sind von Ihnen beeindruckt, wenn Sie sich Gedanken machen, wer helfen kann, wo der Kunde eine Auskunft bekommen kann.

Wer sich an Sie wendet, muss spüren, dass Sie sich um Antworten bemühen. Wichtig ist aber auch:

1. Geben Sie nur Antwort, wenn Sie ganz sicher sind. Halb-Auskünfte sind schlimmer als keine.
2. Bemühen Sie sich um Hilfe, blocken Sie nicht gleich ab.
3. Haben Sie Mut zu Gegenfragen. Um die Anfrage des Kunden zu verstehen, sind auch mal Gegenfragen nötig.
4. Bewerten Sie Kundenwünsche nicht: »Das ist aber eine sehr schwierige und seltene Frage.«
5. Fragen Sie, wie dringend die Antwort ist. Ein Rückruf am nächsten Tag genügt vielleicht. Nicht jede Anfrage muss sofort erledigt werden.

Destruktive Reaktionen, die Sie vermeiden sollen

»Rufen Sie später noch einmal an, ich weiß nicht, ob wir Infomaterial haben.«

»Die Dame, die dafür zuständig ist, ist nicht im Haus.«

»Infos versenden wir nur über den Handel.«

»Das müssen Sie uns schriftlich reingeben.«

Fachliche Fragen werden Sie nicht beantworten können: Fragen zu Lieferfristen, Materialien, Fragen zur Verarbeitung oder zur Pflege. Sie können nicht alles wissen. Auskünfte von Ihnen müssen stimmen. Vermeiden Sie falschen Ehrgeiz. Tun Sie nicht so, als wüssten Sie alles. Man muss auch mal den Mut haben, eine Frage unbeantwortet zu lassen. Stelen Sie den Kontakt zur zuständigen Person her.

Tipps

1. kompetenten Mitarbeiter vorstellen
2. absolute Ausnahme: um schriftliche Anfrage bitten
3. vollständig notieren und weiterleiten
4. Termin zur Beantwortung erfragen
5. sich selbst informieren und beantworten
6. Zwischenbescheid geben bei Verzögerung der Antwort
7. Rückrufvereinbarung treffen
8. keinen falschen Ehrgeiz bei schwierigen Fragen
9. Erledigung des Falls überwachen
10. Antwortweg erfragen: Mail, Fax, Anruf

Hilfe anbieten: Was verstehen Kunden darunter?

Bieten Sie immer Hilfe an.

Oft will der Anrufer den Chef sprechen oder er fragt nach einem Termin. Wenn Sie nicht helfen können, verpacken Sie Ihre Auskunft wenigstens in positive Worte. Sagen Sie dem Anrufer, dass Sie helfen möchten. Notieren Sie sein Anliegen. Es nützt Ihrem persönlichen Erscheinungsbild, wenn Sie sich hilfsbereit zeigen. Helfen Sie auch dann, wenn Sie für einen Termin nicht zuständig sind. Denken Sie immer daran: Wenn Sie einen Anrufer enttäuschen, wendet er sich an Ihren Wettbewerber.

Absichtserklärung geben heißt

..., dass Sie es sagen:

»Ich möchte Ihnen helfen.«
»Ich überlege gerade, wie ich Ihnen helfen kann.«

Transparent machen heißt

..., dass Sie sich Notizen machen:

»Ich notiere mir Ihre Frage.«
»Ich schreibe mir das schnell auf.«

Nächsten Schritt avisieren heißt

..., dass Sie erklären, was mit dem Notizen passiert:

»Ich leite es weiter an ...«
»Ich gebe es gleich an ...«

Einen neuen Termin nennen heißt

..., dass Sie eventuell einen Zwischenbescheid geben:

»Wir geben Ihnen einen Zwischenbescheid.«
»Ich kümmere mich darum.«

➜ Fragen Sie den Kunden:

»Soll ich es weiterleiten oder möchten Sie es der zuständigen Person selbst sagen?«

Hilfe anbieten: Praxistipps für Sie

Es gibt viele Möglichkeiten, die Sympathie eines Menschen zu gewinnen.

Aber »Hilfe anbieten« wird als die wichtigste Möglichkeit genannt:

1	2	3	4	5
Hilfe anbieten	angenehme Stimme	positive Worte	freundlich lächeln	aktiv zuhören

Sagen Sie wörtlich, dass Sie helfen wollen. Wie kann sonst ein Kunde Ihre Absicht erkennen?

Benützen Sie diese Formulierungen:

»Ich möchte Ihnen auf alle Fälle helfen.«
»Wie kann ich Ihnen helfen?«
»Ich lege Wert darauf, dass Sie zufrieden sind.«
»Was kann ich für Sie tun, damit Sie zufrieden sind?«
»Ich werde alles versuchen, Ihnen zu helfen.«

Manchmal können Sie einfach nicht mehr weiterhelfen.

Äußern Sie dann Verständnis, wenn der Kunde ärgerlich reagiert. Statt »Tut mir Leid«, formulieren Sie einen Satz mit dem Wort »verstehen« oder »Verständnis«:

Beispiel: *»Ich verstehe, um was es geht, und ich hätte Ihnen gerne geholfen, wenn ich wüsste wie.«*

Teil 3
Der Feinschliff für einen perfekten Auftritt

1. Der Anrufer will Ihren Chef sprechen

Wenn Ihr Chef das Gespräch annehmen will, verbinden Sie. Mancher Kunde will nur reklamieren. Es ist etwas vorgefallen, etwas Unangenehmes, das einer persönlichen Unterredung mit dem Chef bedarf.

Aber: Mit Recht wird Ihr Chef wissen wollen, welcher Kunde ihn sprechen will und in welcher Angelegenheit. Das heißt für Sie, den Kunden höflich danach zu fragen, bevor Sie das Gespräch weiterleiten.

Vorsicht: Gelegentlich antwortet der Kunde nicht, wenn Sie fragen, warum er den Chef sprechen will. Er erwidert: »Das will ich ihm schon selbst sagen«. So kann sich Ihr Chef nicht auf das bevorstehende Gespräch vorbereiten. Bleiben Sie hartnäckig und bitten den Kunden: »Sind Sie bitte so nett und geben Sie mir ein Stichwort, in welcher Sache Sie den Chef sprechen wollen«.

Allerdings: Der Chef kann auch mal außer Haus sein. Sagen Sie dann nicht: »Tut mir Leid, er ist nicht im Haus.« Bieten Sie auf jeden Fall immer Hilfe an, indem Sie fragen, ob Sie etwas ausrichten oder notieren können: »Was kann ich für Sie tun?« Oder: »Wie kann ich Ihnen helfen?«

Bewährt: Es hat sich bewährt, wenn Sie sich gleich Notizen machen. Benutzen Sie hierfür einen Vordruck (»Telefonnotizen«) und füllen Sie das Formular komplett aus. Vergessen Sie nicht den Namen des Kunden, die Rufnummer mit Vorwahl und die günstigste Rückrufzeit. Nur wenn Sie die ungefähre Rückrufzeit aufschreiben, erreicht Ihr Chef den Kunden mit großer Wahrscheinlichkeit.

Warum lohnt es sich, Notizen zu machen?

- Damit der Kunde spürt, dass Sie ihn ernst nehmen
- Damit der Kunde daran gehindert wird, unüberlegte Äußerungen zu machen
- Damit Sie sich selbst daran hindern, dem Kunden ins Wort zu fallen
- Damit Sie alles, was der Kunde sagt, behalten und weiterleiten können
- Damit Sie Ihre Notizen eventuell vorlegen können, um Unrichtigkeiten zu korrigieren

Der Anrufer nennt sein Anliegen nicht

Jeden Tag kommt es vor, dass ein Anrufer sein Anliegen gar nicht nennt, sondern gleich mit dem Chef oder einem Vorgesetzten verbunden werden will. Wenn Sie aber die Anweisung haben, nicht zu verbinden oder das Anliegen erst zu erfragen, dann wird es schwierig. Auf Ihre Frage nach dem Anliegen des Anrufers bekommen Sie nicht gleich bereitwillig Auskunft. Nun wollen Sie sich einerseits richtig verhalten, andererseits auch den Anrufer nicht verärgern. Normalerweise können Sie das Gespräch der Sekretärin geben, dann sind Sie den lästigen Anrufer los. Wenn aber die Sekretärin abwesend ist oder ihre Leitung belegt ist, dann müssen

Sie selbst mit diesem Anrufer zurechtkommen. Überlassen Sie das Gespräch nicht dem Zufall – setzen Sie bewährte Bausteine ein!

Baustein 1 – Anliegen erfragen

Fragen Sie gleich, um was es geht. Verweigert der Kunde seine Antwort, dann begründen Sie Ihre Frage damit, dass Sie sich darum kümmern wollen, einen kompetenten Ansprechpartner im Unternehmens für ihn zu finden.

Baustein 2 – Hilfe betonen

Betonen Sie nochmals, dass Sie gerne helfen wollen, aber Sie müssen wissen, um was es geht. Gelegentlich können Sie den Kunden mit einer Frage aus der Reserve locken, wie z. B.: »Ist etwas vorgefallen?«.

Baustein 3 – Zuständige Stelle nennen

Bedanken Sie sich für die Information und sagen Sie, dass Sie an die zuständige Stelle verbinden. Machen Sie einige Stichwortangaben. Lesen Sie sie laut vor, während Sie schreiben. Der Kunde erkennt dadurch, dass Sie ihn ernst nehmen. Erklären Sie ihm, dass er von dort Hilfe bekommen wird.

Gesprächsbeispiele aus der Praxis

»Firma Hahn, guten Tag.«

»Grüß Gott, mein Name ist Burger. Ich hätte gerne Ihren Chef gesprochen.«

»Worum geht es denn, Herr Burger?«

»Es handelt sich um eine geschäftliche Angelegenheit, die ich gerne mit dem Chef persönlich besprechen möchte.«

»Herr Burger. Bitte sagen Sie mir etwas genauer, worum es geht.«

»Es geht um eine Rechnung von Ihnen. Wie gesagt: Ich würde das gerne mit Ihrem Chef persönlich besprechen.«

»Darf ich Sie mit der Leiterin der Kundenbetreuung verbinden, die hat den besten Kontakt zum Chef.«

Bausteine	Varianten
1. Erfragen des Wunsches	■ »Um was geht es bitte?« ■ »Sagen Sie mir doch bitte kurz, um was es geht.« ■ »Geht es da um eine Rechnung?« ■ »In welcher Angelegenheit möchten Sie den Chef sprechen?« ■ »Wenn Sie mir bitte ein Stichwort geben, um was es geht, helfe ich Ihnen.« ■ »Ich kann Ihnen helfen, wenn ich weiß, um was es geht.«
2. Hilfe betonen	■ »Sie wollen einen kompetenten Gesprächspartner, ich verbinde Sie mit der Sekretärin.« ■ »Sie wollen eine Auskunft und deshalb verbinde ich Sie mit der richtigen Person.«
3. Zuständige Stelle	■ »Für Ihre Frage ist Herr ... zuständig.« ■ »Ich bin für diesen Fall selbst zuständig.« ■ »Die Sache bearbeitet Herr ... .« ■ »Zuständig ist Frau ... .« ■ »Für Ihren Fall ist Herr ... der zuständige Mitarbeiter.« ■ »Herr ... ist Vorgesetzter und kompetent für ...« ■ »Informationen dazu bekommen Sie von unserer ...-Abteilung.«

Wie verhalten Sie sich bei anonymen Anrufern?

Anonyme Anrufer sind nicht immer seriös. Daher muss die Telefonzentrale reagieren. Die Telefonistin kann ein Gespräch an den Chef nicht verbinden, wenn sie nicht weiß, um was es geht.

Bewährt haben sich diese zehn Reaktionsmöglichkeiten:

☒ G = sehr gut, S = schlecht

		G	S
1.	»Sagen Sie bitte, wer Sie sind.«	☐	☐
2.	»Um was handelt es sich?«	☐	☐
3.	»Ich verbinde Sie mit der Sekretärin.«	☐	☐
4.	»Wenn ich weiß, um was es sich handelt, verbinde ich Sie gerne.«	☐	☐
5.	»Ich habe die Anweisung, nur zu verbinden, wenn ich weiß, um was es sich dreht.«	☐	☐
6.	»Sind Sie Kunde? Sind Sie Lieferant?«	☐	☐
7.	»Können Sie mir ein Stichwort geben, um was es geht?«	☐	☐
8.	»Sind Sie so nett und geben Ihr Anliegen per Fax an uns.«	☐	☐
9.	»Wir rufen Sie gleich zurück, geben Sie mir bitte Ihre Telefonnummer.«	☐	☐
10.	»Ich notiere mir Ihren Anruf und informiere den Chef.«	☐	☐

Hinweis: Da sich Nummer 5 nicht sehr kundenfreundlich anhört und sollte es nur bei sehr hartnäckigen Anrufern verwendet werden.

Absagen können

Immer wieder passiert es, dass Sie einem Anrufer eine Absage machen müssen: Ihr Chef ist wieder mal nicht erreichbar, ein Angebot eines Lieferanten ist uninteressant oder der Chef will das Gespräch gar nicht annehmen.

Sie müssen damit rechnen, dass Ihr Gesprächspartner »sauer« reagiert. Er ist enttäuscht über Ihre Absage. In den meisten Fällen gibt es keinen Ausweg, keine Ersatzlösung, die Sie anbieten könnten. Dabei sind Sie nicht einmal

Verursacher, sondern nur Überbringer der schlechten Nachrichten und werden trotzdem persönlich dafür »angegriffen«. Für den Anrufer ist Ihre schlechte Nachricht meist sehr viel schlimmer als Sie sich das vorstellen können. Er hatte Erwartungen, die jetzt enttäuscht werden.

Vermeiden Sie typische Fehler: Sie dürfen nicht um den »heißen Brei« herumreden – das erzeugt nur Unsicherheit. Schlechte Nachrichten dem Gesprächspartner so ganz »nebenbei« unterjubeln zu wollen (in der Hoffnung, dass er dann der Sache weniger Gewicht beimisst), ist ebenfalls nicht richtig. Sie müssen dem enttäuschten Anrufer Hintergrundinformationen geben. Wenn Ihr Gesprächspartner nicht weiß, worin die Gründe für die schlechte Nachricht liegen, kann er sie nicht nachvollziehen und wird sie gefühlsmäßig nicht akzeptieren. Vermeiden Sie Ausreden. Meist kommen Ausreden irgendwann ans Licht des Tages und werden dann zu einem unangenehmen Bumerang. Gerade wenn Sie selbst einen Fehler gemacht haben, stehen Sie dazu. Zeigen Sie, dass Sie sich in seine Situation hineinversetzen können. Öffnen Sie das Ventil am Dampfkessel, bevor sich überhaupt Dampf entwickelt hat. Die Folgen einer schlechten Nachricht dürfen nie verniedlicht werden. Zeigen Sie besser, dass Sie mit dem Anrufer mitfühlen.

Beispiele:

»Herr Kurz, ich weiß, Sie werden wahrscheinlich gleich ziemlich verärgert sein, dass ich den Rückruf vergessen habe.«

»Herr Meisinger, ich glaube, Sie werden enttäuscht sein, wenn ich Ihnen sagen muss, dass ich den Fehler selbst gemacht habe.«

Begründungs-Regel

Ihr Hauptziel bei einer Absage ist es, zu erreichen, dass Ihr Gesprächspartner akzeptiert, was Sie sagen. Um diese Akzeptanz zu erreichen, ist es hilfreich, Informationen zu liefern, die diese Absage erläutern, so dass er das Umfeld des augenblicklich akuten Problems verstehen kann. Wenn Sie einen solchen »Erklärungshintergrund« liefern, wird die Situation für den Gesprächspartner transparenter. Vieles wird damit nachvollziehbar und kann so leichter verstanden und akzeptiert werden. Sie können niemanden zum Verständnis zwingen! Die einzige Chance, die Sie haben, ist, ihn mit so vielen Informationen zu füttern, dass es ihm rational und emotional unmöglich wird, weiterhin eine sture, uneinsichtige Position einzunehmen. Das ist viel wirkungsvoller, als an das Verständnis des anderen zu appellieren (»Sie müssen doch auch mal mich verstehen«), was meist als Zeichen von Hilflosigkeit gewertet wird. Gerade wenn Ihr Gesprächspartner die Konsequenzen nicht akzeptieren will, sollten Sie ihn die negativen Schlüsse selbst ziehen lassen. Das ist am geschicktesten zu erreichen, indem Sie eine Frage stellen.

Beispiel:

»Herr Knauf, was soll ich Ihrer Meinung nach in dieser Situation tun?«

Wenn der Gesprächspartner nicht erreichbar ist

Es klingt besser, wenn Sie sagen »Der Chef ist nicht erreichbar«. Der Anrufer ist enttäuscht, wenn Sie die Wahrheit sagen: »Er ist in einer wichtigen Besprechung und darf nicht gestört werden.« Und auch das hört sich nicht gut an: »Frau Walther ist beim Frühstück.« Wenn der Anrufer Frau Walther sprechen will und sie beim Frühstück ist, dann sagen Sie, sie ist nicht erreichbar und fragen Sie, ob Sie helfen können. Telefon-Durchwahlen der Vorgesetzten oder die Handy-Nummer gehen den Anrufer nichts an. Ihre Reaktion: »Bitte haben Sie Verständnis, aber die Handy-Nummer dürfen wir nicht rausgeben.«

Sagen Sie nicht ...	sondern eher ...
1. »Er ist in einer wichtigen Besprechung.«	»Er ist augenblicklich nicht erreichbar, was darf ich für Sie tun?«
2. »Die sind alle in der Pause, ich kann Sie nicht verbinden.«	»Es meldet sich niemand, wann können wir Sie zurückrufen?»
3. »Um diese Zeit ist niemand mehr im Büro.«	»Morgen ab 8:00 Uhr sind wir wieder für Sie da.«
4. »Frau Weiß ist in einem Seminar.«	»Die Kollegin Frau Schwarz vertritt sie.«

Die Tricks der Anrufer

Es gibt Kunden, die versuchen, eine Telefonistin auszutricksen. Sie geben ihr zunächst ein Gefühl der Aufwertung: »Sie sind die rechte Hand von ...?«. Oder: »Sie sind die Einzige, die mir jetzt helfen kann, den Entscheider für ... zu sprechen.« Der Anrufer wertet sich dann selbst auf bis zum Geschäftsführer und betont beim Melden bereits seine Position: »Ich bin der Geschäftsführer der Firma XYZ und ...« Er spricht mit der Telefonistin äußerst höflich, bleibt nicht anonym und beantwortet auch alle Fragen. Dabei formuliert er seinen Gesprächseinstieg etwa so: »Herr ... hat ein Angebot von uns und da sind noch ein paar Fragen zu klären.« Die Chance, dass er durchgestellt wird, ist doppelt so groß. Das hofft er jedenfalls.

Ein weiterer Trick des Anrufers:

Er wird Formulierungen wählen, mit denen die Telefonistin nichts anfangen kann oder die den Eindruck erwecken, dass es sich um ein vorliegendes aktuelles Ereignis handelt. Der Satz: »Es geht um PCB-Filter für Chrom-Ex-Platten bei Schweißnähten« deutet an, dass jemand wegen einer konkreten Sache anruft. Oder: »Herr XYZ erwartet meinen Anruf wegen ...«

Gelegentlich machen Anrufer auch dies:

Sie rufen am Vormittag die Telefonzentrale an, fragen nach der besten Anrufzeit am Nachmittag und sagen dann, dass sie den betreffenden Herrn um diese Zeit anrufen werden. Oder sie schlagen selbst einen Termin vor: »Mein Name ist Bodo Schmidt. Bitte sagen Sie Herrn Schröder, dass ich ihn am Nachmittag zwischen 14:00 und 15:00 Uhr anrufen werde. Es geht um eine wichtige Neuigkeit auf dem Gebiet der Austrocknung nach Leitungswasserschäden, die seine Kosten ganz erheblich reduzieren kann.«

Nehmen Sie diese Tricks wahr und lassen Sie sich nicht überrumpeln. Reagieren Sie hierauf höflich, aber bestimmt.

2. Mit Fragen Gespräche führen

Wer fragt, erfährt mehr. Denn Fragen liefern Informationen über Ziele, Bedürfnisse, Probleme, Wünsche, Sorgen, Motive und Einwände des Kunden. Wer fragt, behält die Initiative des Gesprächs in der Hand. Mit Fragen lenken Sie das Gespräch immer in die von Ihnen gewünschte Richtung. Außerdem bremsen Fragen die eigene Vielrederei. Denn nach Ihrer Frage machen Sie eine Redepause. Mit Fragen können Sie herausfinden, ob Ihre Argumente, Beweise, Aussagen beim Kunden angekommen, richtig verstanden und akzeptiert worden sind. Wenn Sie nach einem Argument eine Frage stellen, haben Sie diesen Effekt erreicht.

Frage-Arten am Telefon

Die offene Frage

Sie beginnt mit einem Fragewort, das mit einem W anfängt: wer, was, wann, wo, wie viele, welche, warum ...

Sie bietet dem Kunden einen größeren Spielraum für seine Antwort. Er kann in beliebiger Form und in selbst gewählter Genauigkeit und Ausführlichkeit antworten. Auf Ihre Frage »Wie kann ich Ihnen helfen?« kann er mehr antworten als auf die Frage »Kann ich Ihnen helfen?«.

Offene Fragen veranlassen den Kunden intensiver über mögliche Antworten nachzudenken. Offene Fragen geben ihm ein großes Antwortspektrum. Antwortet der Kunde auf Ihre offene Frage nur kurz und knapp mit einem Wort, stellen Sie sofort eine zweite W-Frage, die er dann nicht mit einem Wort beantworten kann.

Beispiel: »Was halten Sie von diesem Vorschlag?« »Nichts!« »Was gefällt Ihnen nicht?«

Die geschlossene Frage

Sie wird eingesetzt, wenn kurze Antworten erwartet werden. Die geschlossene Frage führt zu einem JA oder einem NEIN des Kunden. Er muss nicht lange nachdenken. Geschlossene Fragen beginnen immer mit einem Verb oder einem Hilfsverb.

Geschlossene Fragen führen zu begrenzten Informationen. Sie eignen sich vor allem gut, wenn Sie rasch eine bestimmte Information brauchen (z. B. eine Zustimmung). Allerdings stoßen zu viele geschlossene Fragen beim Kunden auf Ablehnung. Das Gespräch wird als Verhör empfunden. Die meisten geschlossenen Fragen lassen sich in offene umwandeln.

Geschlossene Fragen	Offene Fragen
1. Sind Sie damit einverstanden?	Was halten Sie davon?
2. Können wir so verbleiben?	Wie sollen wir verbleiben?
3. Geht es auch am Nachmittag?	Wann passt es Ihnen?
4. Kann ich Ihnen helfen?	Wie kann ich Ihnen helfen?
5. Haben Sie noch Fragen?	Welche Fragen haben Sie?
6. Können wir uns nochmals melden?	Wann können wir uns melden?
7. Soll ich noch einmal anrufen?	Wann darf ich anrufen?

Die Alternativfrage

Sie geben Ihrem Kunden dabei zwei oder drei Möglichkeiten für die Antwort vor. Er wird in der Regel nur zwischen diesen Vorgaben entscheiden: »Gefällt Ihnen dieser oder jener Artikel besser?« Typisch für die Alternativfrage ist das Wörtchen »oder«. Bei der Terminvereinbarung ist dieser Fragetyp besonders günstig. Hier hat sich die offene Frage nicht so sehr bewährt. Die Alternativfrage bietet 2 Wahlmöglichkeiten an: »Kann ich am 14. oder am 17. anrufen?« Wenn Ihnen der 14. des Monats lieber ist, dann stellen Sie die Frage um: »Kann ich am 17. oder lieber schon am 14. anrufen.« Ihre Lieblingsantwort soll nach dem »oder« stehen.

Die Suggestivfrage

Suggestivfragen manipulieren. Es sind Fragen mit eingebauter Antwort. Gefährlich wird es, wenn Ihr Kunde nicht wunschgemäß mit »Ja«, sondern mit »Nein« antwortet. Aber auch dann können Sie weiterfragen: »Warum sagen Sie Nein?«

Beispiele für Suggestivfragen sind:

»Meinen Sie auch ...?« (schwache Form), »Meinen Sie nicht auch ...?« (mittlere Form), »Sie sind doch sicher auch der Meinung ...?« (starke Form). Setzen Sie Suggestivfragen sparsam ein. Verwenden Sie diese Frage, wenn die Antwort zu 99 Prozent positiv sein wird, also: »Meinen Sie nicht auch, gute Qualität ist wichtig für Sie?« Wer antwortet da mit Nein?

Die Gegenfrage

Natürlich stellt auch Ihr Kunde mal eine Frage an Sie: »Wie lange dauert denn das mit der Lieferung?« Jetzt können Sie mit einer Gegenfrage reagieren: »Bis wann brauchen Sie das Gerät?« Die Reaktion des Kunden zeigt Ihnen, ob die Lieferzeit sich mit der Kundenvorstellung deckt. Benutzen Sie immer eine Gegenfrage, wenn Sie noch mehr wissen müssen, um die Kundenfrage zu beantworten. Gegenfragen werden vor allem eingesetzt, wenn der Kunde ein Thema anspricht, das nicht in das eigene Konzept passt. Wenn er Ihnen eine Frage stellt, können Sie mit einer Gegenfrage (Rückfrage) reagieren.

Kunde	Sie
1. »Können Sie mich morgen anrufen?«	»Um wie viel Uhr?«
2. »Wieso ist das so teuer?«	»Was meinen Sie mit »zu teuer«?«
3. »Gibt's einen Nachlass?«	»Wer bietet Nachlässe?«

Gegenfragen sind nicht sehr höflich, aber das ist das kleinere Übel. Schlimmer ist es, wenn Sie sich vorzeitig mit einer Antwort festlegen.

Fragen Sie positiv

Ihre Fragen sollten positiv sein. Benutzen Sie nur positive Wörter in der Frage. Vermeiden Sie auf jeden Fall die Wörter »nicht« oder »keine«. Aber auch »teuer«, »Probleme« oder »warten« wirken negativ.

statt (negativ)	besser (positiv)
1. »Haben Sie sich noch nicht entschieden?«	»Wie haben Sie entschieden?«
2. »Ist es Ihnen zu teuer?«	»Welche Preislage möchten Sie?«
3. »Hat es Ihnen nicht gefallen?«	»Wie hat es Ihnen gefallen?«
4. »Sagt Ihnen das nicht zu?«	»Was halten Sie davon?«
5. »Können Sie nicht noch warten?«	»Würden Sie sich bitte noch bis morgen gedulden?«

Schwierige Fragen kurz begründen

Manche Fragen können dem Kunden schwierig oder unverständlich erscheinen. Geben Sie, wenn notwendig, eine kurze Begründung für Ihre Frage, so dass der Kunde nicht widerstrebend antwortet. Sagen Sie am besten: »Ich frage, weil ...« Die einleuchtende Begründung Ihrer Frage öffnet, der Kunde wird dann bereitwilliger antworten.

Ausgedehnte Fragephasen vermeiden

Fragen Sie nicht ununterbrochen. Wechseln Sie lieber häufiger von der Rolle des Interviewers in die Rolle des Informanten. Wenn der Kunde später wieder die Bereitschaft zu weiteren Antworten zeigt, wechseln Sie zurück in die Rolle des Interviewers. Dieses Wechseln von kurzen Informationen und den Fragen wirkt natürlicher. Damit Sie bei mehreren Fragen die Verhörsituation vermeiden, stellen Sie die Anrede vor die Frage: »Herr Kunz, wo gab es denn Schwierigkeiten?« Oder Sie machen die Ankündigung: »Darf ich Sie noch etwas fragen?« Nach dem Schweigen des Kunden stellen Sie dann die Frage. Oft lassen sich Fragen auch indirekt formulieren: »Jetzt hätte ich gerne gewusst, wo es da Schwierigkeiten gab.« Oder: »Jetzt sollten wir noch klären, wann der Termin auf der Baustelle sein soll.« Im Prinzip ist das auch eine Frage, aber indirekt gestellt. Und daher wirkt sie weich.

Fragen stellen, statt Widerspruch zu geben

Einer Meinung zu widersprechen, führt schnell zu Frust und Verstimmung. Die Gesprächsatmosphäre leidet unter Widerspruch. Statt einem Kunden abzusagen, stellen Sie besser eine Frage. Ein Beispiel: Ein Kunde will einen Preisnachlass. Wenn Sie mit einem Nein ablehnen, verärgern Sie ihn, er wird seinen Auftrag stornieren. Fragen Sie lieber: »Weshalb möchten Sie einen Nachlass?« »Wer bietet Ihnen einen Nachlass?«

Fragen Sie freundlich

Jede Frage muss höflich und freundlich gestellt werden. Es kommt dabei zwar auf die genaue Formulierung an, aber auch auf Ihre Ausstrahlung. Was bei einer Frage rüberkommt, hängt wesentlich von Ihrem Tonfall, von Ihrer Mimik, Ihrer Gestik und vom Blickkontakt ab. Sogar eine unbeholfen gestellte Frage erfährt durch freundliche Zuwendung eine gewisse Aufwertung.

Fragen sind Chancen für Sie

Sie können jeden Satz, jede Äußerung in eine Frage umfunktionieren. Wer sein abgedroschenes »Ich finde« einmal in die Frage umformuliert »Finden Sie nicht?«, wird den Unterschied schnell erkennen. Behaupten Sie weniger, fragen Sie mehr! Fragen Sie den Kunden nach seiner Meinung. Denn Kunden äußern gerne ihre Meinung. Behauptungen der Verkäuferin sind dagegen stark der Kritik des Kunden ausgesetzt oder fordern den Kunden zur Gegenfrage heraus. Fragen reizen den

Kunden nicht zum Widerspruch. Sie führen zu einem Meinungsaustausch, der ja für die Problemlösung erforderlich ist.

Führen Sie durch Fragen Ihre Gespräche? Bitte prüfen Sie selbst anhand der folgenden Checkliste, wie intensiv Sie Fragen einsetzen:

☒ J = ja, N = nein	J	N
1. Fragen Sie lieber, statt Behauptungen aufzustellen, die zum Widerspruch reizen?	☐	☐
2. Gelingt es Ihnen, im Gespräch Vorschläge in Fragen umzuformulieren?	☐	☐
3. Stellen Sie eine Gegenfrage, wenn der Kunde Ihnen eine schwierige Frage stellt?	☐	☐
4. Stellen Sie mehr offene als geschlossene Fragen?	☐	☐
5. Formulieren Sie Fragen positiv?	☐	☐
6. Können Sie schwierige Fragen kurz begründen?	☐	☐
7. Nutzen Sie die Bedeutung der Alternativfrage: Wunschantwort nach dem »oder«?	☐	☐
8. Hinterfragen Sie auch Antworten, die Ihr Kunde gibt?	☐	☐
9. Bleiben Sie bei allen Fragen immer höflich?	☐	☐
10. Lassen Sie dem Kunden auch Zeit zur Antwort?	☐	☐

Auswertung: Je mehr »Ja«, desto besser. Haben Sie aber viel »Nein« angekreuzt, verbessern Sie Ihre Fragetechnik.

Fragearten für Ihre Praxis: Das Interview

Offene Frage:	am Satzanfang ein W-Fragewort
Geschlossene Frage:	am Satzanfang ein Zeitwort
Alternativ-Frage:	in der Satzmitte das Wort »oder«
Suggestiv-Frage:	Meinungsbeeinflussung (»Finden Sie nicht auch?«)

Formulieren Sie bitte für jeden Fragetyp drei Beispiele aus Ihrer Praxis.

Offene Frage: für ausführliche Antworten

Geschlossene Frage: für kurze Zustimmung

Alternativ-Frage: um Entscheidungen herbeizuführen

Suggestiv-Frage: um Meinungen zu beeinflussen

→ **»Je mehr Sie fragen, desto mehr wissen Sie.
Je mehr Sie wissen, desto besser reagieren Sie.
Je besser Sie reagieren, desto mehr stimmt der Kunde zu.
Je mehr der Kunde zustimmt, desto größer ist Ihr Erfolg.«**

Musterbeispiele

Offene Frage:	*»Wann sind Sie erreichbar?«* *»Um was geht es?«* *»Wie schreibt sich Ihr Name?«*
Geschlossene Frage:	*»Soll ich Ihnen ein Fax schicken?«* *»Geht es auch um 15:00 Uhr?«* *»Haben Sie noch Fragen?«*
Alternativ-Frage:	*»Mit Fax oder Mail?«* *»Dienstag oder Freitag?«* *»Sind Sie Kunde oder Lieferant?«*
Suggestiv-Frage:	*»Meinen Sie nicht auch, dass es schriftlich besser ist?«* *»Finden Sie nicht auch, dass man dieses Thema persönlich besprechen sollte?«*

Übungen »Fragetechnik«

	Geschlossene Fragen	Offene Fragen
1.	Sind Sie damit einverstanden?	Was halten Sie davon?
2.	Können wir so verbleiben?	Wie sollen wir verbleiben?
3.	Geht es auch am Nachmittag?	Wann passt es am Nachmittag?
4.	Haben Sie sich schon entschieden?	Wie haben Sie entschieden?
5.	Kann Herr Müller zurückrufen?	Wann kann Herr Müller zurückrufen?
6.	Ist es sehr eilig?	Wie dringend ist es?
7.	Darf ich das kurz notieren?	Was darf ich mir notieren?
8.	Haben Sie noch Fragen?	Welche Fragen haben Sie noch?
9.	Können wir uns noch einmal melden?	Wann sollen wir uns melden?
10.	Brauchen Sie weitere Unterlagen?	Welche Unterlagen sind für Sie noch wichtig?
11.	Gefällt Ihnen das Angebot?	Wie gefällt Ihnen das Angebot?

Behauptungen und Fragen: Was wirkt freundlicher?

Behauptung: »Herr Wagner ruft Sie zurück!«
Frage: »Soll Herr Wagner Sie zurückrufen?«

Behauptung: »Ich schicke Ihnen nochmals die Unterlagen zu!«
Frage: »Möchten Sie nochmals die Unterlagen?«

Behauptung: »Da verbinde ich Sie mit der Sekretärin!«
Frage: »Kann ich Sie mit der Sekretärin verbinden?«

Behauptung: »Ich rufe Sie um 15:00 Uhr zurück!«
Frage: »Passt Ihnen mein Rückruf um 15:00 Uhr?«

Behauptung: »Da muss ich erst einmal Ihren Namen wissen!«
Frage: »Sagen Sie mir bitte Ihren Namen noch einmal?«

Behauptung: »Prüfen Sie noch einmal die Auftragsbestätigung!«
Frage: »Können Sie bitte noch einmal die Auftragsbestätigung prüfen?«

Behauptung:	»Bitte geben Sie das schriftlich rein!«
Frage:	*(Hier bringt die Umwandlung in eine Frage keinen Vorteil!)*
Behauptung:	»Das muss schon länger her sein!«
Frage:	»Wann war das?«
Behauptung:	»Ich faxe Ihnen das durch!«
Frage:	»Darf ich Ihnen ein Fax schicken?«
Behauptung:	»Dann verbleiben wir so!«
Frage:	»Können wir so verbleiben?«
Behauptung:	»Das müssen Sie mir genau erklären!«
Frage:	»Würden Sie mir das bitte genauer erklären?«
Behauptung:	»Ich lege ihm eine Notiz hin!«
Frage:	»Soll ich ihm eine Notiz hinlegen?«

Fazit: Wenn Sie freundlich wirken wollen, verzichten Sie auf Behauptungen.

Setzen Sie Fragen in der Praxis richtig ein

Überlassen Sie bei Ihren Fragen nichts dem Zufall. Wer mit Fragen umgehen kann, kennt diese Regeln:

- **Positiv fragen** + + +

  »Kann ich Sie in einer halben Stunde anrufen?« So ist es richtig! Negativ gefragt: »... oder passt es Ihnen dann nicht?« Vermeiden Sie bei Ihren Fragen das »nicht«, sonst machen Sie es dem Kunden leicht, negativ zu antworten.

- **Nicht mehrere Fragen** ? ?/?

  Hintereinander gestellte Fragen schaffen eine Verhörsituation. Stellen Sie nur zwei Fragen hintereinander. Weniger ist mehr! Fragen Sie nur, was unbedingt nötig ist. Bei mehreren Fragen antwortet der Kunde nur auf angenehme Fragen.

- **Offene Fragen: W-Fragen** <

  Sie bringen mehr Informationen als andere Fragearten. Gelegentlich kann der Kunde nicht antworten, weil er die Antwort nicht weiß oder nicht zuständig ist. Das kann dem Kunden peinlich sein, vor allem, wenn er mehrere Male zugeben muss, dass er etwas nicht weiß.

■ Auf Kundenfragen reagieren ? = ?

Auch Kunden stellen Fragen an Sie. (»Wann kann mich Herr ... zurückrufen?«) Am besten antworten Sie gleich, eventuell reagieren Sie auch mit einer Gegenfrage, bevor Sie antworten. Sie gewinnen Zeit, die Antwort zu überlegen. Benutzen Sie für Gegenfragen am besten die Definitionsmethode. (»Wie hätten Sie es denn gerne?«) Aus taktischen Gründen können Sie die Frage des Kunden noch mal wiederholen, dann fühlt er sich ernst genommen.

■ Wichtigstes zuerst fragen ! ! ! ! ! !

Neben der Frageform ist aber auch der Frage-Inhalt wichtig. Haben Sie mehrere Punkte abzufragen? Dann beginnen Sie mit dem Wichtigsten. Die entscheidende Frage, von der andere Fragen abhängen, muss an den Anfang.

3. Müllwörter vermeiden

Wenn Sie einem Anrufer schon einleitend sagen, dass sein Wunsch »schwierig« oder »schwer erfüllbar« ist, dann bringen Sie sämtliche Probleme an den Anfang des Gespräches. Hören Sie zunächst einmal dem Kunden richtig zu und zeigen Sie ihm: Ich verstehe Sie und bemühe mich, für Sie den richtigen Ansprechpartner zu finden. Versuchen Sie, Probleme nicht zu Beginn des Gespräches anzusprechen, sondern an das Ende des Gespräches zu legen. Steuern Sie Ihr Gespräch immer so, dass der Kunde das Gefühl hat, bei Ihnen in guten Händen zu sein und optimal betreut zu werden. Wäre nicht manches Gespräch besser verlaufen, wenn man negative Worte vermieden hätte?

Sympathie wird mit positiven Worten und einer wohlklingenden Stimme schnell erzeugt. Sie wissen natürlich, dass eine gute Stimme auch Stimmung macht. Aber wie viel besser wirkt sie, wenn dann noch positive Worte gesprochen werden. Benutzen Sie am Telefon keine negativen Wörter, die der Kunde nicht mag.

Beispiele:

»müssen« – Kein Mensch muss müssen.
»das Problem« – Wer ist schon an Problemen des Lieferanten interessiert? (Besser – »Aufgabe«)

Positive Worte, die ein anderer gerne hört, sind z. B. »ja«, »richtig«, »einverstanden«, »gut« – also zustimmende Worte. Mit Zustimmung schaffen Sie eine gute Atmosphäre. Das ist zwar nicht der ganze Gesprächserfolg, aber ist es nicht ein Stück in diese Richtung? Positiv ist auch jedes »Danke« und »Bitte«, wobei Sie es damit nicht übertreiben dürfen. »Tut mir Leid« gehört zwar nicht direkt zu den Müllwörtern, klingt aber trotzdem nicht positiv. Vermeiden Sie daher das ständige »Tut mir Leid«. Es ist eine Floskel geworden. Negative Aussagen lassen sich nicht immer ersetzen. Wenn Sie einem Anrufer etwas Negatives sagen, wird er immer enttäuscht sein, sagen Sie ihm, dass Sie seine Enttäuschung nachvollziehen, ist er zumindest von Ihnen persönlich nicht enttäuscht. Beispiel: »Ich kann mir vorstellen, dass Sie jetzt enttäuscht sind, Herr ...«

Was darf man sagen, was nicht?

Kunden sind neugierig. Gerade bei Reklamationen wollen Sie den Hintergrund wissen und stellen Fragen. Die Erledigung der Reklamation genügt Ihnen nicht, Sie fragen nach der Ursache und hoffen auf Antwort. Sprechen Sie nie schlecht über andere Abteilungen. Und wenn dort noch so viel Mist gemacht wird, das geht den Kunden nichts an. Absolute Loyalität ist Ihre oberste Pflicht. Der Kunde muss nicht wissen, ob eine Maschine still steht, ob sie veraltet ist, ob es in der Produktion Engpässe gibt. Erwähnen Sie nicht die Pannen des Vorlieferanten. Lieferverzug wird oft mit den Pannen beim Vorlieferant begründet. Auch wenn das stimmt, erwähnen Sie es nicht. Durch negative Informationen wird jeder misstrauisch. Interne Informationen sind ein absolutes Tabuthema. Kritisieren Sie auch nicht die Entscheidung von Vorgesetzten. Äußern Sie sich auch nicht vor einem Stammkunden zu internen Dingen. Ihr Vorgesetzter kann von ihm hintenherum über Ihre Kritik informiert werden. Mit negativen Informationen über Internes schaden Mitarbeiter oft unbewusst dem Ansehen Ihrer eigenen Firma.

Tabu-Themen: Was den Kunden nichts angeht

Auch wenn Kunden nach Ursachen und Hintergrund fragen – sie dürfen nichts über interne Pannen erfahren. Damit könnten Sie dem Image Ihres Betriebes schaden.

Am Telefon dürfen Sie Folgendes nicht sagen:

- Fehler anderer Abteilungen: »Das liegt an der Auftragsbearbeitung«.
- Technischer Stand in Produktion: »Uns ist eine Maschine ausgefallen.«
- Pannen beim Vorlieferant: »Der Vorlieferant kann nicht liefern«.
- Stand der eigenen Software: »Die Software ist veraltet«.
- Lagerbestand ist zu klein: »Nichts mehr da«.
- Organisatorische Schwächen: »Wir haben in der Organisation Probleme.«
- Andere unzufriedene Kunden, die reklamieren: »Sie sind nicht der Einzige.«
- Unterbesetzung beim Personal: »Wir sind überlastet.«
- Schwierigkeiten wegen interner Umstellung: »Da blickt keiner durch.«
- Mangelnde Qualifikation des Personals: »Das hat eine Aushilfe gemacht.«

Warnsignale:

Achten Sie auf die »Fangfragen« des Kunden. Er will interne Dinge von Ihnen wissen und stellt dann Fragen wie diese:

- Wieso geht das nicht? Warum können Sie nicht ... ? Weshalb dauert das so lange?
- Liegt es am ... ? Haben Sie nicht genug ... ? Ist nichts mehr am Lager? Ist der Vorlieferant schuld? Hat der Innendienst geschlafen?
- Wer hat denn das auf dem Gewissen? Was sagt denn der Chef dazu?

→ Tipp:
Stellen Sie Pannen so dar:
– einmalig passiert, nur jetzt
– kommt sehr selten vor
– wegen Saison, Stoßzeiten oder Überlastung ist es passiert

»Verpacken« Sie Negatives positiv. Am besten aber reden Sie gar nicht darüber. Hartnäckige Ausfrager verweisen Sie an Ihren Vorgesetzten.

Reaktion auf schwierige Fragen

Kunden werden immer neugieriger. Sie fragen am Telefon, wollen alles wissen, Hintergründe und Ursachen, Themen, die sie nichts angehen.

Gerade bei Reklamationen oder Lieferverzug kommen solche Fragen:

Der Kunde fragt	Sie antworten
1. »Gibt's Probleme bei der Fertigung?«	»Welche Probleme meinen Sie?«
2. »Wieso dauert das so lange?«	»Bis wann brauchen Sie spätestens die Lieferung?«
3. »Haben Sie nichts mehr auf Lager?«	»Ich bin im Augenblick überfragt, kläre das aber gerne für Sie.«
4. »Was hat denn der Vorlieferant dazu gesagt?«	»Dazu kann ich nichts sagen. Ich müsste mich informieren.«
5. »Wer hat denn bei Ihnen den Fehler gemacht?«	»Im Augenblick kann ich das nicht feststellen.«
6. »Wie kommt es denn zu dieser Panne?«	»Da bin ich nicht informiert, ich kläre es aber für Sie.«
7. »Hat der Verkaufsleiter keine Sekretärin?«	»Um was geht es denn?« »Was kann ich für Sie tun?«

Mögliche Reaktionen:

- Gegenfrage stellen, um Antwort zu vermeiden
- Die Kundenfrage überhören
- Unwissenheit vorgeben

Negatives positiv formulieren

Vieles lässt sich positiv ausdrücken, auch bei negativem Tatbestand. Ein Glas ist halb leer oder halb voll, je nachdem, wie man es betrachtet.

negativ	»Da bin ich nicht informiert.«
der Kunde denkt	*»Die haben keine Ahnung.«*
positiv	»Ich informiere mich und rufe zurück.«
negativ	»Da müssen Sie warten.«
der Kunde denkt	*»Mein Fall ist unwichtig.«*
positiv	»Bitte gedulden Sie sich noch.«
negativ	»Dafür bin ich nicht zuständig.«
der Kunde denkt	*»Man will mich abschieben.«*
positiv	»Zuständig ist Frau XY.«
negativ	»Das weiß ich leider nicht.«
der Kunde denkt	*»Der hat keine Ahnung, ist nicht kompetent.«*
positiv	»Herr XY ist nicht erreichbar, was kann ich für Sie tun?«
negativ	»Da haben Sie mich falsch verstanden.«
der Kunde denkt	*»Ich höre schlecht zu.«*
positiv	»Da habe ich mich falsch ausgedrückt.«
negativ	»Diese Woche nicht mehr.«
der Kunde denkt	*»Die lassen sich Zeit.«*
positiv	»Voraussichtlich nächste Woche.«
negativ	»Ich kann Ihnen nichts versprechen.«
der Kunde denkt	*»Die wollen sich nicht festlegen.«*
positiv	»Ich bemühe mich darum.«
negativ	»Ich habe die Unterlagen nicht.«
der Kunde denkt	*»Die geben sich keine Mühe.«*
positiv	»Ich hole mir die Unterlagen.«
negativ	»Da hätten Sie sich früher melden müssen.«
der Kunde denkt	*»Da habe ich etwas falsch gemacht.«*
positiv	»Bitte melden Sie sich zukünftig sofort.«
negativ	»Um diese Zeit ist niemand mehr im Büro.«
der Kunde denkt	*»Die arbeiten aber nicht viel.«*
positiv	»Morgen ab 08:00 Uhr ist das Büro wieder besetzt.«

4. Mit Ihrer Wortwahl beeindrucken

Das i-Tüpfelchen am Telefon ist die kundenorientierte Ausdrucksweise. Wenn Sie in der Kommunikation ein paar praxiserprobte Empfehlungen beachten, fördern Sie die Verständigung und Klarheit Ihrer Aussagen. Dazu ist kein Rhetorik-Kurs erforderlich.

In der Gegenwartsform reden

Zukunftsaussagen wecken Zweifel. Werden Versprechungen für die Zukunft immer eingelöst? Hindernisse können auftauchen, Versprechen können vergessen werden. Die Zukunftsform suggeriert Unsicherheit, die Gegenwartsform enthält schon den Vollzug und psychologisch gesehen keinen Spielraum für Hindernisse. Gegenwartsaussagen sind glaubwürdiger, auch wenn die Gegenwart in der »Zukunft« liegt.

falsch	richtig
1. »Das wird sich ändern.«	»Das ändert sich.«
2. »Die Lieferzeit wird ab Herbst besser.«	»Die Lieferzeit ist ab Herbst besser.«
3. »Wir werden das prüfen.«	»Wir prüfen das.«
4. »Wir werden zurückrufen.«	»Wir rufen zurück.«
5. »Ich werde das weiterleiten.«	»Ich leite das weiter.«

Mehr »Sie«, weniger »ich«

Im Kundenkontakt sollten Sie »Ich-Bezogenheiten« vermeiden. Ausdrücke wie »Ich finde«, »Meiner Meinung nach ...«, »Meine Erfahrung sagt mir ....«, »Ich an Ihrer Stelle ...«, »Ich würde es anders machen« sind nicht kundenorientiert. Abgesehen von den Fällen, in denen der Kunde Sie um Ihre Meinung bittet oder auf Ihr persönliches Urteil Wert legt, sollten Sie Ihre eigene Person so weit wie möglich aus dem Gespräch ausschalten. Stellen Sie den Kunden in den Mittelpunkt. Jedes »Ich«, das durch ein »Sie« ersetzt werden kann, sollte dem »Sie« Platz machen.

schlecht	besser
1. Ich meine ...	Meinen Sie nicht auch ...
2. Ich finde ...	Finden Sie nicht auch ...
3. Ich halte es für besser ...	Für Sie ist es besser ...
4. Ich faxe Ihnen ...	Sie erhalten ein Fax
5. Ich erkläre Ihnen nun ...	Sie erfahren nun ...

Das »Äh« stört

Beim unkonzentrierten Sprechen passiert es, und zwar ohne dass man es merkt: das lang gezogene »Äh«. Der Kunde spürt daran Unsicherheit und Zweifel und traut Ihren Worten nicht. Es ist durchaus menschlich, ab und zu mal »Äh« zu sagen, aber nicht dauernd.

Der Urlaut »Äh« entsteht vor allem in Stress-Situationen und Hektik. Wenn Sie das vermeiden wollen, dann reduzieren Sie Ihr Redetempo. Schnellsprecher riskieren das »Äh« viel stärker, beim schnellen Reden verschleißt man sich auch stärker. Auch lange, komplizierte Sätze führen zu dem Urlaut.

Botschaften in verschiedenen Formen

»Ich-Sätze«

- Nutzen: Mit dem »Ich« übernehmen Sie mit Ihrer Aussage die Verantwortung. Nutzen Sie das »Ich«, wenn Sie der Kunde ausdrücklich nach Ihrer persönlichen Meinung fragt.
  Beispiel: »Ich schlage vor, dass ...«
  »Also, da bin ich mir ganz sicher ...«
  »Meiner Meinung nach ...«

»Man-Sätze«

- Nutzen: Mit »man« können Sie nichts Persönliches über sich sagen, sondern wirken unverbindlich. Sie sprechen auch den Kunden nicht persönlich an.
  Nutzen Sie »man« nur, wenn Sie sich bewusst nicht festlegen wollen, wer was tun soll.

Beispiel: »Da muss man abwarten, wie der Markt XY dies aufnimmt ...«
»Man kann das Gerät schnell umrüsten ...«
»Man müsste prüfen, ob ...«

»Wir-Sätze«

- **Nutzen:** Mit »Wir« betonen Sie die Gemeinschaft mit dem Kunden. »Wir« zeigt die Partnerschaft an, setzen Sie das »Wir« ein, wenn Sie Gemeinsames äußern wollen.
  Beispiel: »Wir könnten überlegen, wie ...«
  »Das haben wir auf der Messe festgestellt ...«
  »Wir können die Preise nicht reduzieren ...«

»Sie-Sätze«

- **Nutzen:** Jedes »Sie« stellt den anderen in den Vordergrund. »Sie« wirkt positiv, setzt aber voraus, die Kundensituation gut zu verstehen. Abgeleitete Formen sind »Ihre« und »Ihnen«. Bei schuldhaftem Verhalten ist »Sie« negativ: »Sie haben das Gerät falsch bedient.«
  Beispiel: »Für Sie ist es besser ...«
  »Sie fragen sicherlich, warum ...«
  »Damit ist Ihnen geholfen ...«

»Es-Sätze«

- **Nutzen:** Sie vermeiden dadurch eine persönliche Stellungnahme. Das »es« wirkt neutral, ähnlich wie »man«. Wollen Sie bewusst unverbindlich bleiben? Sprechen Sie dann in der »Es-Form«.
  Beispiel: »Es wäre schön, wenn man ...«
  »Es hat mich überrascht, wie ...«
  »Es hat sich gezeigt, dass ...«

Zweifelnde Formulierungen

Aussagen in der Möglichkeitsform (würde, wäre, hätte, könnte) wirken unsicher.

schlecht	besser
1. »Ich würde vielleicht meinen ...«	»Ich meine ... .«
2. »Das hätte folgenden Vorteil ...«	»Das hat folgenden Vorteil.«
3. »Das wäre so besser ...«	»Das ist so besser.«
4. »Ich hätte noch eine Frage.«	»Ich habe noch eine Frage.«
5. »Dürfte ich nochmals Ihren Namen erfragen?«	»Darf ich Ihren Namen erfragen?«
6. »Ich würde Ihnen das gerne faxen.«	»Ich faxe Ihnen das gerne.«
7. »Gerne würde ich das für Sie klären.«	»Das kläre ich gerne für Sie.«
8. »Würde es Ihnen gegen 14:00 Uhr passen?«	»Passt es Ihnen gegen 14:00 Uhr?«
9. »Dürfte ich vielleicht Folgendes vorschlagen?«	»Darf ich Ihnen einen Vorschlag machen?«
10. »Eventuell wäre es besser ...«	»Ist es nicht besser, wenn ... ?«

→ Der Zweifel ist der größte Feind der Entscheidung.

Auch Formulierungen wie »vielleicht« – »eventuell« – »teils, teils« – »unter Umständen« schaffen jede Menge Unsicherheit. Wenn Sie sich nicht festlegen wollen, können Sie diese Wörter benutzen. Sie wirken aber dann unverbindlich und nicht kundenorientiert. Kunden aber wollen Sicherheit.

Grund für negatives Denken gibt es täglich: Ein Kunde reklamiert am Telefon. Ein anderer ist sehr unfreundlich. Dann entsteht Stress. Solche Situationen rufen nach positivem Denken. Und das ist notwendig, damit die Ausstrahlung beim Telefonkontakt mit Kunden nicht leidet. Positive Stimmung entsteht durch die richtige innere Einstellung und das fördert die Leistungsbereitschaft der Mitarbeiterin. Nun glaubt jeder, er sei ein positiver Mensch, keiner will zugeben, negative Gedanken zu haben. Wie positiv der Einzelne dann tatsächlich ist, zeigt sich erst bei Problemkunden am Telefon, bei Stress und Hektik und an Tagen, an denen man einfach nicht gut drauf ist.

Der Motivationstrainer Hans Christian Altmann meint:

Negatives Denken und Pessimismus entstehen vor allem durch Gedankenfaulheit! Man ist zu faul und zu bequem, in negativen Situationen auch nach positiven Lösungsansätzen zu suchen. Man nimmt Unglücke oder Misserfolge als ebenso unvermeidliche Schicksalsschläge hin wie Haarausfall.

→ Jeder negative Gedanke zieht unweigerlich weitere negative Gedanken nach sich!

Optimisten denken da ganz anders! Sie tun alles, um vor oder nach Telefongesprächen jeden negativen Gedanken im Keim zu ersticken und ihn sofort durch einen positiven zu ersetzen! Sie verschwenden keine Zeit, sich in ihrem Selbstmitleid »zu baden«. Sie arbeiten in jeder Situation ganz bewusst auf positive Gedanken, also auf optimistische Lösungsansätze hin. Das ist ihr entscheidendes Erfolgsgeheimnis! Deshalb unterliegen sie auch nach noch so schweren und häufigen Misserfolgen nicht der Gefahr, sich in hoffnungslosem Pessimismus zu verlieren, sondern sie finden – im Gespräch mit sich selbst – zumindest einen positiven Gedanken, an dem sie sich wieder aufrichten können.

Alles hängt von der einen Frage ab: Wie interpretieren Sie eine Situation? Was denken Sie zum Beispiel kurz nach einem ärgerlichen Telefonat? Oder: Was sagen Sie zu sich selbst nach einem Misserfolg? Oder: Mit welchen Gedanken reagieren Sie auf plötzlich auftretende Schwierigkeiten?

Ihre Gedanken sind jetzt von entscheidender Bedeutung. Denn mit Ihren Gedanken lösen Sie geradezu eine Kettenreaktion aus. So wie sich eine Spirale mit dem nötigen Schwung zwangsläufig nach oben oder nach unten dreht, so führt auch die Art Ihrer Gedanken zwangsläufig zum Erfolg oder zum Misserfolg. Üben Sie das Loslassen des Ärgers. Betrachten Sie auftretende Probleme als eine Herausforderung an Sie! Freuen Sie sich über ankommende Probleme. Für ihre Lösung sind Sie da. Gäbe es keine Probleme, bräuchte man Sie nicht, oder? Seien Sie stolz darauf, dass Sie es schaffen! Auch wenn man es Ihnen nicht täglich sagt. Sie werden gebraucht, ohne Sie geht es nicht. Akzeptieren Sie Schwierigkeiten und hören Sie auf zu jammern.

Was bringt Ihnen positives Denken? Nichts. Die reine Wiederholung positiver Sätze ist sinnlos. Koppeln Sie diese mit Emotionen. Die Veränderungsformel lautet: Dauer und emotionale Intensität bringt die Veränderung Ihrer Gedanken.

➜ Mit einem positiven Gedanken am Gesprächsbeginn erzielen Sie auch ein positives Ergebnis am Ende!

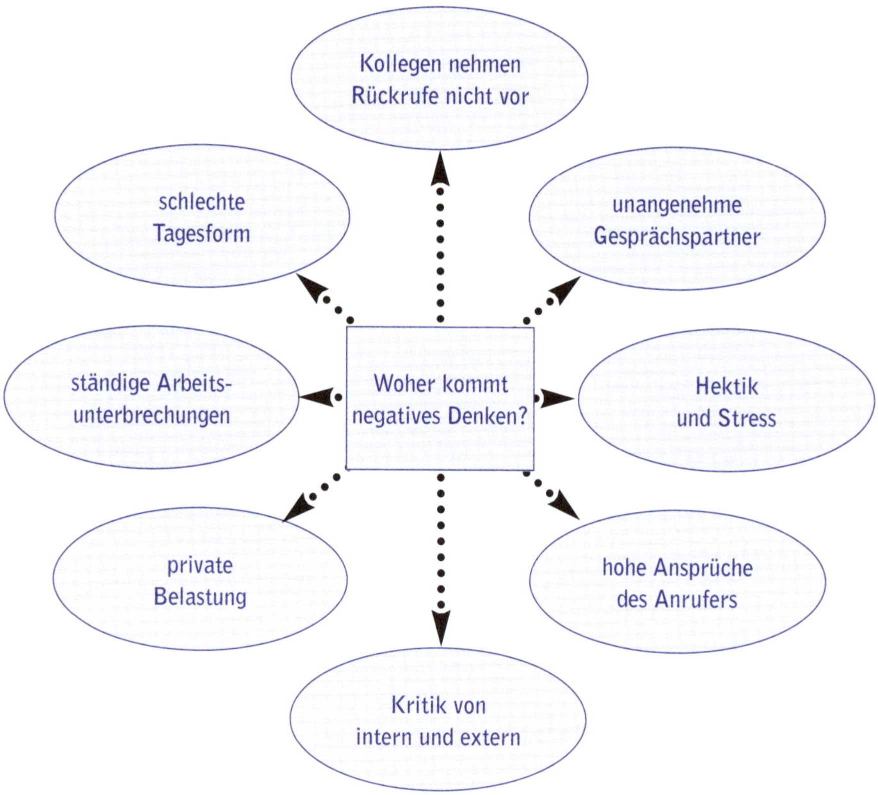

Das Ergebnis Ihrer Gedanken

Nun können Sie fragen: Bedeutet denn »Positives Denken«, dass ich ab sofort alles positiv sehen muss? Natürlich nicht! Positives Denken heißt auf keinen Fall, immer die rosa-rote Brille aufzusetzen. Es heißt auch nicht, krampfhaft danach zu suchen, was an Problemen so besonders positiv ist und es heißt erst recht nicht, allen Menschen mit seinem positiven »Gerede« ständig auf den Nerv zu gehen. Erinnern Sie sich an das Beispiel vom halb vollen und vom halb leeren Glas? Der Optimist sagt: Es ist halb voll. Der Pessimist sagt: Es ist halb leer. Das Entscheidende daran ist nicht, ob das Glas wirklich halb voll oder halb leer ist, sondern allein die Tatsache: Der Optimist sieht die Situation positiv und fühlt sich dabei wohl. Der Pessimist sieht die Sache eher negativ und fühlt sich deshalb weit weniger wohl. Auf diesen Gefühlszustand kommt es an. Denn unsere Gefühle entscheiden darüber, ob wir uns glücklich oder unglücklich, zufrieden oder unzufrieden, selbstsicher oder unsicher fühlen.

→ **Positive Gedanken erzeugen positive Reaktionen!**
Negative Gedanken erzeugen negative Reaktionen!

Akzeptieren Sie Stress und Hektik am Telefon und denken Sie: Anderen geht es auch nicht viel besser. Denken Sie daran: Es könnte noch schlimmer sein. Wenn Sie Ärger mit noch größerem Ärger vergleichen, erscheint Ihnen die augenblickliche Situation erträglich.

→ **Der erste negative Gedanke produziert meist weitere negative Gedanken!**

Was tun, wenn sich Pessimismus breit machen will? Beginnen Sie sofort ein positives Selbstgespräch.

Stellen Sie sich folgende Fragen:

- Bin ich wirklich allein an dem Misserfolg schuld oder sind nicht auch die Umstände daran schuld? (Frage der persönlichen Schuld)
- Sind die Folgen des Misserfolgs wirklich langfristig oder sind sie nur zeitlich begrenzt? (Frage der Dauer)
- Sind die Auswirkungen wirklich weitreichend oder beziehen sie sich nur auf diesen Einzelfall? (Frage des Geltungsbereiches). Es gilt die Regel:

Pessimisten betrachten jeden Misserfolg als langfristiges und weitreichendes Unglück. Dadurch geraten sie automatisch in den Zustand der Hilflosigkeit und Handlungslähmung.

Optimisten sehen im Gegensatz dazu die Misserfolge eher als von den anderen verursachte, kurzfristige und einmalige Ereignisse an. Dadurch können sie sich auch schneller davon lösen.

Gedanken und bildhafte Vorstellungen sind unglaubliche Kräfte. Und sie verwirklichen sich umso schneller, je bildhafter wir uns unsere Ziele vorstellen und je mehr wir daran glauben, diese Ziele auch zu erreichen. Aber schon der leiseste Zweifel, die geringsten Ängste, die ersten Anflüge von Pessimismus wirken wie schleichende Gifte, wie jene Computerviren, die ganze Computeranlagen zerstören können. Achten Sie deshalb auf das Aufkommen negativer Gedanken so scharf, wie der Seemann auf aufkommenden Sturm achtet! Die Kontrolle über die Gedanken ist die erste Stufe zum Erfolg.

Die A-Methode, um Ärger zu bewältigen

1. ausprechen →	Mit wem können Sie darüber reden, was belastet?
2. ausgleichen →	Mit welchen netten Anrufern können Sie ärgerliche Gespräche ausgleichen?
3. ausblicken →	Fragen Sie sich, was der Ärger morgen noch bedeutet.
4. abreagieren →	Wutzettel machen, stampfen, Schattenboxen, Muskelanspannung
5. anpacken →	Dem Täter (Kollegen) sagen, was Sie stört.
6. annehmen →	»Der Ärger ist da und ich muss damit leben.«

6. Gespräche am Telefon weiterverbinden

Sagen Sie dem Anrufer, mit wem Sie verbinden und dem Betreffenden, wen Sie ihm geben. Lassen Sie den Anrufer nicht länger als 30 bis 45 Sekunden warten. Es ist dann besser, wenn Sie einen Rückruf anbieten. Wenn der Betreffende den Anruf nicht entgegennehmen kann, bieten Sie einen Stellvertreter an. Beim Rückholen des Anrufers müssen Sie ihn mit seinem Namen ansprechen. Einen anonymen Anrufer müssen Sie gekonnt abwimmeln können. Sie können eventuell die Voice-Box erwähnen, wo der Anrufer sein Anliegen hinterlassen kann. Allerdings kann die Hintergrundmusik nerven, auch die unfreundliche Stimme mit den Worten »bitte warten«. Außerdem sollten Sie sich sicher sein, dass der Mitarbeiter nicht da ist, damit Sie erst gar nicht versuchen zu verbinden. Das sind die Grundregeln für die Weiterleitung von Telefongesprächen.

Für die Stimme auf dem Band

statt: »Bitte warten«
besser: »Bitte bleiben Sie am Apparat – wir werden Sie sofort verbinden«
oder: »Wir verbinden Sie gerade zu Ihrem Ansprechpartner. Bitte haben Sie ein wenig Geduld.«

10 mögliche Fehler vermeiden

1. Man verbindet vorschnell, ohne das Anliegen des Anrufers genau erfragt zu haben. Das kostet Zeit und Nerven, denn der Anrufer landet woanders und muss dann wieder sagen, um was es geht und auf die richtige Verbindung warten.
2. Man verbindet, ohne dem Mitarbeiter zu sagen, wer am Apparat ist und was er möchte: »Ein Gespräch für Sie/dich«.
3. Man lässt den Anrufer zu lange in der Leitung warten. In der Warteschleife hört er dann Hintergrundmusik und zwischendurch »Bitte warten« – manchmal dauert das 2 Minuten.
4. Name und Durchwahl des Mitarbeiters, mit dem man weiterverbindet, werden nicht genannt. Der Anrufer kann dann den Mitarbeiter nicht mit Namen ansprechen. Er kann ihn auch nicht anwählen.
5. Es wird nur »Moment« gesagt. Die optimale Form lautet: »Ich verbinde Sie mit (Name), das ist die Nr. (Durchwahl).«
6. Wenn in der Abteilung niemand abnimmt, wird kein Rückruf angeboten: »Da meldet sich niemand!« Das kann man vielleicht mit Lieferanten machen, nicht aber mit Kunden.
7. Beim Rückholen des Gespräches gibt man keine Zwischenmeldung, der Anrufer hört nur »klick ... klack« und er ruft dann zwischendurch »Hallo«.

8. Die Zentrale ist nicht informiert, wo sich der gewünschte Gesprächspartner aufhält. Folge: Suchaktionen. Anrufer erwarten aber, dass die Dame am Telefon weiß, wer heute da ist und wann ein Abwesender voraussichtlich zurückkommt.

9. Beim Zurückholen des Gesprächs fragt die Telefonistin »Hören Sie noch?«, statt den Namen des Anrufers zu nennen: »Herr ... leider nimmt niemand ab, darf ich Ihnen die Durchwahl geben?«

10. Hintergrundmusik in der Warteschleife und das wiederkehrende »Please hold the line« nerven den Anrufer.

Gespräche verbinden

Viele Anfragende werden nicht nur frustriert, wenn sie an eine Telefonzentrale geraten, die sie oberflächlich und desinteressiert abfertigt. Was danach kommt, ist oft noch schlimmer. Man gerät dann häufig ins Innere des Unternehmens, wo die Mitarbeiter scheinbar nur mit sich selbst und ihren internen Vorgängen beschäftigt sind und die Kontakte von draußen nicht einordnen und bewältigen können. Der Anrufer wird von einem unzuständigen Mitarbeiter an den anderen weiterverbunden und ist gezwungen, wieder und wieder sein Anliegen vorzubringen und zu begründen. Dabei ist er stets um gute Stimmung bemüht, weil er hofft, auf diese Weise trotz aller Widerstände doch noch zum Ziel zu kommen. Das kundenorientierte Unternehmen geht mit den eingehenden Anfragen anders um und garantiert optimale Betreuung. Hat die Telefonistin kein Informationsdefizit, so kann sie richtig reagieren und vermeidet Fehlverbindungen, auch bei unüblichen Anfragen. Telefonzentrale heißt auch »Informationszentrale«, eine Stelle, bei der man sich informieren kann, so wie es in Kaufhäusern oder bei IKEA ein Informationszentrum gibt.

Was nützt es einem Anfragenden, wenn ihm mit freundlicher Stimme und viel Mitgefühl gesagt wird:

»Davon habe ich leider keine Ahnung.«
»Der zuständige Mitarbeiter ist gerade nicht da.«
»Ich weiß nicht, wer Ihnen da helfen kann.«
»Ich arbeite hier erst seit kurzem.«

Die Telefonistin repräsentiert das Unternehmen. Und dem Anrufer ist es egal, ob am Telefon eine Aushilfe oder eine Studentin sitzt, die sich nebenbei noch etwas hinzuverdient. Insoweit fallen beim Weiterverbinden auch diese Redensarten negativ auf:

»Ich lege Sie mal um.« – »Ich hänge Sie dran.« – »Ich leg Sie drauf.«

Manche Telefonistin sagt gar nichts, da hört der Anrufer nur »klick« und »klack« und die Hintergrundmusik mit »Please hold the line«.

Was Anrufer an der Telefonistin ärgert

Telefonieren in Stoßzeiten ist problematisch. Sowohl wenn Sie angerufen werden als auch für den Anrufer. Dabei lassen sich viele ärgerliche »Telefon-Pannen« sehr einfach vermeiden. Die folgende Liste gibt Ihnen einen Überblick über die am häufigsten bemängelten Unarten am Telefon.

Unarten am Telefon

1. Unfreundliches Verhalten der Telefonistin.
2. Oft muss man es 10-mal und mehr klingeln lassen, bis sich eine Firma meldet.
3. Unverständliche Meldung am Telefon – oft ist nicht einmal der Firmenname zu verstehen.
4. Die Telefonzentrale weiß über die Zuständigkeiten im Haus zu wenig Bescheid (Resultat: lange Suchaktionen).
5. Anrufer warten beim Verbinden zu lange – und hängen dann in der Leitung.
6. Oft werden auf Kosten des Anrufers große Suchaktionen gestartet, statt einen Rückruf anzubieten.
7. Ist der gewünschte Gesprächspartner nicht zu erreichen, erfolgt oft nur ein abschlägiger Bescheid. Hilfestellung (verbinden mit der Vertretung, Rückruf) wird zu selten angeboten.
8. Viele Telefonzentralen verbinden automatisch weiter, ohne wissen zu lassen, dass sie es tun und mit wem.
9. Versprochene Rückrufe werden nicht eingehalten.
10. Es werden zu wenig Telefon-Notizen gemacht, weil man glaubt, man könne alles im Kopf behalten. Außerdem werden Telefon-Mitteilungen zu spät weitergereicht.

In Stoßzeiten braucht die Telefonistin von einer Aushilfskraft Unterstützung. Oder sie muss von Nebenarbeiten entlastet werden.

7. »Stimmt« Ihre Stimme?

Mit Ihrer Stimme wirken Sie direkt auf die Stimmung des Anrufers. Während sachliche Infos mehr den Verstand ansprechen, erreicht die Stimme die Gefühlswelt des Zuhörers. Die eigene Stimme zu verändern, wenn sie nicht gut klingt, ist schwierig. Aber es ist zu schaffen. Sprechen Sie entspannt und langsamer. Man empfindet das als vertrauenswürdiger und seriöser, sofern es natürlich nicht übertrieben ist. Am Abschluss einer Äußerung bzw. am Satzende soll Ihre Stimme fallen. So empfindet es der Zuhörer angenehm.

➜ Sprechen Sie langsam und tief – das hört sich gut an.

Die drei Bereiche, in denen Sie variieren können:

Redetempo:	schneller langsamer	Lautstärke:	lauter leiser	Stimmhöhe:	höher tiefer

Regeln

1. Sprechen Sie nicht monoton, denn gleichmäßiges Sprechen langweilt. Wechseln Sie die Stimmlage. Heben Sie wichtige Worte und Sätze hervor, indem Sie die Stimme heben und senken.
2. Sprechen Sie nicht zu hoch. Sie verschleißen Ihre Stimme zu schnell. Eine wohltönende Stimme liegt eher tiefer als zu hoch. Sprechen Sie nicht zu laut, aber auch nicht zu leise. Wenn Sie zu leise sind, meldet sich der Telefonpartner schon.
3. Variieren Sie das Tempo Ihrer Sätze, das wirkt lebendig. Wichtige Wörter und Sätze müssen Sie deutlich und langsam sprechen. Das prägt sich beim Kunden besser ein. Übrigens: Schnellsprecher verbreiten eine hektische Stimmung.
4. Sprechen Sie natürlich, vor allem mit Anrufern aus Ihrer Region. Dialekt ist keine Schande. Zu viel Hochdeutsch klingt gekünstelt. Machen Sie aber nicht aus Gefälligkeit den Dialekt des anderen nach.

Ausdruck und Eindruck: Die Stimme

Im persönlichen Gespräch wirken Sie visuell – ganz anders ist das am Telefon. Hier kommt es auf Wortwahl, Stimme, Redetempo und Mundart an. Sie telefonieren mit Gesprächspartnern, Kunden, Lieferanten, mit Banken oder Ihrer Zweigniederlassung. Den Telefonpartner haben Sie vielleicht noch nie gesehen, Sie machen sich unbewusst ein Bild von ihm. Und auch am anderen Ende der Leitung macht sich Ihr Gesprächspartner ein Bild von Ihnen.

Stimme als Stimmungsbarometer

Eine Stimme drückt unbewusst auch Gefühle aus wie Freude, Bedenken, Entschlossenheit, Unbehagen, Erstaunen, Drohen oder Gleichgültigkeit. Die Ausdruckskraft erwächst aus der Identifikation mit Ihrem Gedanken. Wortwahl und Stimme werden so zu einer untrennbaren Einheit. Der Inhalt Ihrer Aussage kommt durch die Wortwahl zum Ausdruck, die Wirkung durch die Stimme. Eine ausdrucksarme, monotone Stimme etwa bedeutet Gleichgültigkeit.

Tonband-Test

Am Telefon sollten Sie langsamer sprechen als im Gespräch mit einem sichtbaren Partner. Mit ca. 110 Silben in der Minute versteht man Sie gut. Achten Sie beim Sprechen darauf, dass Sie keine Silbe verschlucken. Das können Sie über Tonband prüfen. Aber lassen Sie die Aufnahme gegenchecken. Sie hören sich selbst naturgemäß immer anders. Das Urteil anderer ist wichtig! Nicht nur, was Sie sprechen, sondern auch, wie Sie es sprechen, beeinflusst den Erfolg seines Telefonats. Zwar kann sich Ihr Zuhörer an eine unangenehme Stimme gewöhnen, aber wer tut das schon gerne? Sprechen Sie ein paar Töne zu hoch? Wenn Sie einen Satz hoch anfangen, haben Sie keine Entfaltungsmöglichkeiten nach oben, es sei denn, unter größter Anstrengung. Es kommt darauf an, die beste Normalstimmlage zu finden, von der aus Sie Ihre Stimme heben oder senken.

Praxisorientierte Tipps

- Lehnen Sie sich beim Telefonieren entspannt zurück. Auf diese Weise kommt eine größere Luftsäule in Ihrem Körper zum Schwingen, als wenn Sie nach vorne gebeugt sitzen. Durch den größeren Resonanzraum wird Ihre Stimme voller und etwas tiefer. Dies empfiehlt sich besonders in Stress-Situationen. Gerade hier beugen Sie sich meist fast reflexartig nach vorne.
- Gestikulieren Sie ruhig – stellen Sie sich vor, dass Ihr Gesprächspartner Ihnen gegenübersitzt. Sie können sich dann besser auf ihn konzentrieren und einstellen.
- Sprechen Sie natürlich: Man darf ruhig erkennen, aus welcher Region Sie kommen. Dialekt ist keine Schande. Zu viel Hochdeutsch klingt gekünstelt. Machen Sie aber nicht aus Gefälligkeit den Dialekt des anderen nach. Hinderlich ist ein Dialekt nur dann, wenn die Verständlichkeit des Vortrages beeinträchtigt wird. Nämlich dann, wenn die dialektgefärbte Aussprache gegenüber dem Hochdeutschen sehr stark verändert ist, wenn Worte benutzt werden, die es im Hochdeutschen nicht gibt und wenn die

Grammatik merklich abweicht. Wer so spricht und nicht nur in seinem Heimatkreis wirken will, muss die deutsche Hochsprache lernen. Ein wenig Mundart darf aber sein.

- Halten Sie die Sprechmuschel 1 cm von den Lippen entfernt. Bei 4 cm Abstand verringert sich die technische Qualität der Verständigung um 75 Prozent.
- Nach dem Mittagessen, wenn bei vielen eine leichte Ermüdung einsetzt, stehen Sie beim Telefonieren am besten. So kommt Leben in Ihre Stimme.

Man hat bei einer Untersuchung verschiedenen Kunden die gleiche Stimme bei unterschiedlichem Redetempo, dann bei verschiedener Lautstärke und Tonhöhe vorgespielt. Der Inhalt der Aussage war stets der Gleiche. Die Testpersonen berichteten von ganz unterschiedliche Eindrücken. Jemand, der selbst laut spricht, wird die etwas lautere Stimme der Telefonistin nicht als unangenehm empfinden. So ist es auch mit einem Kunden, der schnell spricht. Er wird von Ihnen erwarten, dass Sie auch ein wenig schneller als normal sprechen, damit Sie ihn nicht langweilen. Maßstab bei Lautstärke und Redetempo ist also der Gesprächspartner, der Kunde. Das bedeutet in der Praxis, dass man sich dauernd umstellen muss. Ist das überhaupt möglich? Es ist schon schwierig, sich im Redetempo und in der Lautstärke auf die Kunden zu konzentrieren. Der Inhalt und die Art zu sprechen sind eine untrennbare Einheit. Es verlangt ein hohes Maß an Konzentration, wenn man beides bedenken will.

Natürlich macht sich die Telefonistin auch ein Bild vom Anrufer über dessen Stimme. Spricht er laut, unterstellt sie ihm Temperament, vielleicht sogar Aufgeregtheit. Das ist ein Vorurteil, denn nicht jeder, der laut spricht, hat Temperament oder eine Eigenschaft, die mit Lautstärke zusammenhängt. Anrufer sprechen auch laut, weil durch offene Fenster Nebengeräusche vorhanden sind. Auch wer schwerhörig ist, spricht lauter.

Über die Stimme

Das Schlimme an der Stimme
sie ist laut und schrill
wie's der Kunde gar nicht will
manchem ist die Stimme schon
gleichgültig und sehr monoton
mit ein wenig Dialekt
wird die Stimme dann perfekt.
Wenn Sie Leben in Ihre Stimme geben
wechseln oft mal laut und leise
sprechen so auf diese Weise
mit Temperament, ganz ungeniert
dann ist der Kunde interessiert.

Es nutzt das schönste Wort nichts, wenn die Stimme nicht harmoniert. Das menschliche Gehirn verarbeitet ein gesprochenes Wort bereits nach 140 Millisekunden. Bemerkenswert daran: Nicht, was Sie am Telefon sagen, klingt im Ohr, sondern wie Sie es sagen. Die Wirkung einer Botschaft hängt zu 58 Prozent von der Stimme, also von Tonfall, Betonung und Artikulation ab und zu 38 Prozent vom Inhalt, so der amerikanische Psychologe Albert Mehrabian. Unbestritten ist also die Dominanz der Stimme vor dem Inhalt.

Einfache Übungen helfen, die eigene Wirkung zu verbessern

Summen Atmen Sie durch die Nase langsam aus und wieder ein. Während die Luft ausströmt, summen Sie kräftig und laut ein »mmmh«. Die Lippen berühren sich dabei kaum. Effekt: Die Stimme bekommt mehr Volumen und Resonanz im Mund. Gleichzeitig bekommen Sie mehr Klanggefühl.

Gähnen Durch Gähnen senkt sich der Kehlkopf. Effekt: Der Resonanzraum wird größer, zugleich entspannt sich die Stimmmuskulatur. Die Stimme wird klarer, befreiter und teilweise tiefer.

Aufrichten Entscheidend für Ihre Stimme ist die Luftversorgung – und dabei nicht etwas die Brust-, sondern die Bauchatmung. Wer verkrampft sitzt oder steht, lässt dem Zwerchfell kaum Freiraum.

Entspannen Stimmvolumen ist keine Frage von Anstrengung. Das Gegenteil ist richtig. Wenn Sie überzeugen wollen, pressen Sie Ihre Stimme nie raus, sondern lassen Sie sie aus dem Bauch strömen.

Abwechseln Wer begeistern will, muss variieren: laut / leise, schnell / langsam,

Pausen und verschiedene Sprachmelodien – all das sollte in einer Aussage vorkommen.

Trinken

Die »geölte Stimme« ist beim Telefonieren wichtig. Wer viel trinkt, hält seine Stimmlippen geschmeidig. Wasser neutralisiert zudem das hässliche Schmatzgeräusch beim Öffnen des Mundes.

So können Sie Ihre Stimme verändern

Ausdrucksmerkmal	erweckter Eindruck
1. Geschwindigkeit	
schnell	temperamentvoll, lebendig, unbefangen, aufgeregt, unbeherrscht
langsam	ruhig, bedächtig, zögernd, besonnen, beständig
Tempozunahme	begeistert, zuversichtlich, schwungvoll, Verlust der Selbstkontrolle
Tempoabnahme	ermüdet, vorsichtig, zweifelt, Mangel an Zuversicht
2. Lautstärke	
groß	sicher, energisch, drängend, mangelnde Selbstbeherrschung, Überkompensation von Selbstzweifeln
gering	zurückhaltend, bescheiden, ängstlich, schwach, schüchtern
große Lautstärkenänderung	begeistert, gefühlsbetont, Verlust der Selbstkontrolle
geringe Lautstärkenänderung	selbstbeherrscht, diszipliniert, verklemmt, gefühllos, Mangel an Vitalität

Gestatten Sie einem Reklamierer, ärgerlich zu sein

Es ist schwierig, mit aufgeregten Kunden sachlich zu reden. Lassen Sie den Reklamierenden erst leer laufen und ausreden, bevor Sie Stellung nehmen. Fordern Sie aufgeregte Menschen am Telefon nie auf, endlich sachlich zu werden (»Nun kommen Sie mal endlich zur Sache«). Das wäre völlig sinnlos. Keiner wird sachlich, wenn Sie ihn dazu auffordern. Lösen Sie Aggressionen auf, indem Sie ruhig bleiben und genau zuhören.

Ihre Entschuldigung ist kein Schuldeingeständnis

Ihre Freundlichkeit (bitte nicht übertreiben) verhindert weitere Angriffe des Reklamierers. Wenn Sie sich entschuldigen, was viele Kunden bereits besänftigt, so ist das noch längst kein Schuldeingeständnis. Viele Kunden wollen nur von Ihnen Recht bekommen, als Entschädigung für die Aufregung und den Ärger. Geben Sie Ihnen Recht, aber nicht mehr! Machen Sie keine Zugeständnisse, sondern gehen Sie zunächst nur auf den persönlichen Ärger des Kunden ein (»Ich verstehe, das ist ärgerlich.«).

Zeigen Sie Geduld! Nehmen Sie sich Zeit!

Fehler bei der Behandlung des Reklamierers liegen oft in mangelnder Geduld und darin, dass sich derjenige, der die Reklamation annimmt, zu wenig in die Lage des Kunden versetzt. Er hat vielleicht einfach keine Lust, die umständlichen Ausführungen anzuhören, fängt schon an zu reden, obwohl er noch gar nicht richtig verstanden hat, um was es eigentlich geht.

Finden Sie die richtigen Worte

Zeigen Sie als erste Reaktion Verständnis z. B. mit folgenden Formulierungen:

»Ja, das kann ich gut verstehen.«
»Ich kann mir vorstellen, wie Ihnen zumute ist.«
»Das ist wirklich schlimm – ich verstehe Sie.«
»An Ihrer Stelle wäre ich auch verärgert.«
»Ich habe Verständnis für Sie.«
»Ich weiß, das ist ärgerlich.«

Korrigieren Sie nicht die Meinung des Kunden

Die Erfahrung zeigt, dass gerade besonders erregte Kunden recht friedlich werden, wenn sie Gelegenheit hatten, sich einmal alles von der Seele zu reden. In dieser Anfangsphase des Gesprächs wäre es völlig falsch, den Kunden zu unterbrechen, ihn zu korrigieren oder etwa darauf hinzuweisen, dass schließlich jede Firma einmal Fehler begehe. Je mehr Möglichkeiten der Kunde hatte, sich abzureagieren, umso leichter wird sich das Gespräch fortsetzen lassen. Zu empfehlen ist das Wort »verstehen« oder »Verständnis«. So wirken Sie unmittelbar auf den Reklamierer ein. Er fühlt sich wenigstens einmal verstanden – das ist meist schon die »halbe Miete«. Jedoch: Allzu viel Überfreundlichkeit bewirkt meist das Gegenteil, formulieren Sie also nur einen einzigen Satz für Ihr Verständnis.

Mit Aggressionen umgehen

Gelegentlich passiert es, dass Kunden sich über eine Beschwerde bei Ihnen aufregen. Sie haben ihre Emotionen nicht im Griff, es kommt zum bekannten Ausstoß von Adrenalin. Die Folge? Der Reklamierer wird aggressiv, laut, ungehalten, ihm ist das oft gar nicht so bewusst, später tut ihm die Aufregung oder der Angriff Leid. Zunächst kommt es aber zu bösen Worten. Wer sich ärgert, ist alles andere als ausgeglichen. Da sagt er schon einmal in seiner Wut: »Was seid ihr für ein Saftladen!« Reagieren Sie nicht sensibel, wenn Sie jemand provoziert. Attacken überhören Sie, denn jede Reaktion darauf würde nichts bringen. Und sagen Sie niemals zu einem lauten, erregten Kunden: »Nun beruhigen Sie sich doch mal.« Glauben Sie, dass er jetzt ruhig wird? Ohne die gewünschte Wirkung wird auch der Satz bleiben: »Nun werden Sie doch mal sachlich!« Kein Kunde wird dann sachlich. Im Gegenteil. Äußerungen wütender Kunden können Sie auch mal wiederholen: »Sie meinen also, wir sind ein Saftladen?« So spürt der provozierende Kunde, was er angerichtet hat. Eine andere Methode: Sie zeigen Betroffenheit über den Angriff und erwidern: »Das klingt aber verletzend.« Das kann zum Rückzug führen, der Reklamierer äußert dann, dass er es nicht so gemeint habe. Bedenken Sie, dass der Angriff eigentlich nicht Ihnen gilt, sondern den Vorfall betrifft. Sie persönlich sind lediglich Zielscheibe. Ist der Ärger des Kunden vorbei, greift er Sie auch nicht mehr an. Den ersten Angriff des Kunden überhören Sie und beim zweiten Angriff äußern Sie einfach Ihre Betroffenheit: »Jetzt haben Sie mich aber angegriffen.« Es ist auch eine gute Methode, eine positive Unterstellung vorzunehmen. Direkt nach den bösen Worten des Reklamierers sagen Sie einfach nur: »Wie ich Sie einschätze, überlegen Sie sich immer genau, was Sie sagen und verletzen mit Ihren Worten niemanden, stimmt es?« Natürlich können Sie auch bei Provokationen von unverschämten Kollegen diese Methoden anwenden. Wichtig ist es, nach wiederholten Angriffen zu reagieren, Sie dürfen sie nicht einfach schweigend hinnehmen. Sonst kommen Sie automatisch in die Opfer-Rolle.

Wie reagieren Sie auf vorwurfsvolle Kunden?

Oft wissen Sie nicht, warum Ihr Gesprächspartner so aggressiv reagiert. Sie sind überrascht und verunsichert und gehen innerlich in Abwehrstellung.

Dabei sind Sie in einer Zwickmühle: Eigentlich möchten Sie gerne »zurückschießen«, andererseits wissen Sie, dass dies nicht geht. Es ist also ziemlich schwierig, sich richtig zu verhalten, wenn jemand vorwurfsvoll ist, laut und persönlich wird.

Empfehlungen

- **Ignorier-Technik**

  Sie sagen nichts, lassen alle bösen Worte vorüberziehen und verbinden anschließend. Der Anrufer hat sich bei Ihnen ausgetobt und ist dann beim Vorgesetzten sachlich.

- **Betroffenheit äußern**

  Sagen Sie dem wütenden Kunden: »Das trifft mich aber hart, was Sie da sagen.«, »Ich fühle mich durch Ihre Äußerungen verletzt.«, »Sie sind aber sehr persönlich geworden.« Das führt beim Anrufer meist zum Nachdenklichkeit oder zur Rücknahme seiner harten Worte.

- **Positive Unterstellung**

  Unterstellen Sie ihm das von Ihnen gewünschte Verhalten, etwa mit diesen Worten: »Wie ich Sie einschätze, haben Sie nichts gegen mich persönlich, sondern sind nur wegen des Vorfalls verärgert.« Da kann der Anrufer wohl kaum sagen: »Nein, es ist ganz anders.« Er muss also zustimmen.

- **Frage stellen**

  »Wie kann ich Ihnen persönlich helfen?«, »Was habe ich denn falsch gemacht?«, »Was werfen Sie mir persönlich vor?« Da geht dem Anrufer schnell die Puste aus, sofern Sie am Telefon tatsächlich keine Schuld haben.

- **Nie zur Ruhe auffordern**

  »Jetzt beruhigen Sie sich doch.«, »Regen Sie sich doch nicht so auf.«, »Werden Sie doch mal sachlich.« Niemand regt sich ab, wenn er solche Appelle hört.

→ Tipp:
Reagieren Sie auch dann, wenn ein Kunde nicht Ihnen einen Vorwurf macht, sondern sich bei Ihnen am Telefon negativ über Kollegen Ihrer Firma äußert.
Ergreifen Sie auch dann Partei, wenn der Kollege tatsächlich einen Fehler gemacht hat. Äußern Sie sich nie negativ.

Was tun, wenn Kunden zu viel reden?

Rede-Löwen unter den Anrufern kennt jeder. Sie unterbrechen die Telefonistin, hören nicht richtig zu und hören vor allem nicht auf zu reden. Was man kurz sagen könnte, bringt der Anrufer langatmig und endlos. Das nervt.

Wie können Sie den Redefluss stoppen, ohne unfreundlich zu sein? Muss man denjenigen immer völlig ausreden lassen? Vor allem am Telefon wird Ihnen vom Vielredner das Gespräch völlig aus der Hand genommen. Soll man den Gesprächspartner ins Leere laufen lassen?

Empfehlung 1

Stoppen Sie den Rede-Löwen frühzeitig. Warten Sie nicht zu lange mit einem Unterbrechungsversuch.

Empfehlung 2

Das wirkungsvollste und eleganteste Stopp-Signal ist: den Gesprächspartner unterbrechen, indem Sie ihn mit seinem Namen ansprechen – und zwar so lange, bis er reagiert. Nur mit Namen ansprechen, sonst nichts.

Empfehlung 3

Begründen Sie Ihre Unterbrechung. »Ich unterbreche, weil dafür die Buchhaltung zuständig ist.« Oder: »Entschuldigen Sie, wenn ich Ihnen ins Wort falle, aber bevor Sie weitermachen, habe ich noch eine Zwischenfrage.«

9. Der positive Gesprächsabschluss

Manche Kunden können am Telefon kein Ende finden. Das Gesprächsende am Apparat kann genauso schwierig sein wie der Gesprächsbeginn. Einerseits wollen Sie durch Ihre letzten Worte den Telefonpartner nicht vor den Kopf stoßen, also nicht abrupt abbrechen. Andererseits gilt der Grundsatz, ein Gespräch nicht unnötig in die Länge zu ziehen. Es gibt einige Methoden, mit denen Sie das Gesprächsende einleiten können.

Methode Zusammenfassen

»Darf ich noch einmal kurz zusammenfassen?«
»Soll ich noch einmal kurz wiederholen?«
»Dann fasse ich noch einmal zusammen.«

Methode Danken

»Ich bedanke mich für Ihren Anruf.«
»Danke für das Gespräch, ich habe alles notiert.«
»Vielen Dank, dass Sie uns informiert haben.«

Methode Fragen

»Das war es dann?«
»Kann ich das dann so weiterleiten?«
»Können wir so verbleiben?«

Methode Versprechen

»Ich werde es so weiterleiten.«
»Die Notizen gebe ich unverzüglich weiter.«
»Gut, ich werde es sofort erledigen.«

Gute Formulierungen

»Dann verbleiben wir also so ...«
»So, ich glaube, wir haben alles besprochen.«
»Bevor ich zum Ende komme ...«
»Ich möchte Sie nicht weiter aufhalten.«
»Darf ich zum Schluss nochmals zusammenfassen?«
»Vielen Dank!«, »Danke für das Gespräch.«

Wenn Sie die Methode »Danken« bevorzugen, dann sagen Sie immer, für was Sie danken, also nicht nur »Danke«, »Vielen Dank für Ihren Anruf.«, »Danke für das Gespräch.« Ungezielter Dank wird zur Leerformel, danken Sie für etwas Bestimmtes. »Vielen Dank für Ihren Vorschlag.« »Danke für den Anruf.« Für was können Sie nicht alles danken: für Ideen, Vorschläge, Verständnis, Mithilfe, Unterlagen, Einsicht oder Geduld. Vermeiden Sie aber allzu viel des Guten.

Ob Sie »Auf Wiedersehen« oder »Auf Wiederhören« sagen, ist kein großer Unterschied. Bei »Tschüss« oder »Ciao« ist das anders. Beide Formulierungen wirken sehr persönlich, werden aber auch missbraucht, d. h. bei unfreundlichem Gesprächsverlauf verwendet. Mit »Schönen Tag« oder »Machen Sie es gut« kann die Zentrale bei Stammkunden ein positives Finale einleiten. Dabei ist es immer gut, wenn der Kunde als Erster die Verabschiedung beginnt. Sagt er dann etwas Nettes (»Vielen Dank und schönen Tag für Sie«) sind Sie in der Zentrale geradezu verpflichtet, eine so genannte »Echo-Reaktion« zu geben. Mit ähnlichen Worten gelingt Ihnen das auch. Bei einem kurz angebundenen »Wiederhören« vom Kunden können Sie auf eine persönliche Verabschiedung mit vielen Wünschen und Dank verzichten. Sagen Sie dann nur »Auf Wiederhören« und nochmals den Namen des Kunden, den Sie hoffentlich noch wissen.

10. Besser zuhören – besser telefonieren

»Schweigen ist Gold.« – »Wer hört, der erfährt.« Es gibt noch viele Weisheiten zum Thema Zuhören. Am Telefon gilt immer noch, den anderen ausreden zu lassen. Zuhören ist nach einer Frage besonders wichtig. Reden Sie also nicht weiter, wenn Sie gefragt haben, hören Sie aktiv zu.

»Aktives Zuhören« – heißt

- Häufiges Verwenden von »Aufmerksamkeitsbestätigungen« wie »mhm«, »aha«, »interessant«, »verstehe«. Benutzen Sie aber jeweils nur ein Wort.
- Wortwiederholungen – interessante und wichtige Informationen halblaut wiederholen, als ob Sie sie notieren.
- Rückformulierungen – Aussagen des Gesprächspartners dem Inhalt oder der Bedeutung nach wiederholen (in den gleichen oder eigenen Worten). Wenn Sie am Satzende Ihre Stimme anheben, klingt es wie ein Fragesatz. So wird der Gesprächspartner zum Weiterdenken und -sprechen am Telefon angeregt.

Es zeugt nicht gerade von Höflichkeit und Anteilnahme an den Problemen des Gesprächspartners, wenn man gar nicht zu erkennen gibt, dass man noch zuhört! Redet ein Telefonpartner länger, dann sollte man ihm durch ein freundliches »Ja!«, »Gern!«, »Richtig!«, »Sicher!« oder Ähnliches zeigen, dass man aufmerksam zuhört. Zuhören ist eine Kunst! Wer sie beherrscht, wird als ein angenehmer Gesprächspartner beurteilt. Aktives Zuhören ist gerade am Telefon besonders wichtig. Denn Sie können dem Redner nicht durch Blickkontakt Ihre Aufmerksamkeit signalisieren. Deshalb trennen Sie das Zuhören in passives und aktives Zuhören. Das passive Zuhören beschränkt sich auf die Informationsaufnahme. Am Telefon ist das natürlich nicht ausreichend. Das aktive Zuhören ist auch am Telefon durch Zeichen des Verstehens und zusätzliche Impulse hörbar. Wie ungeheuer Zuhörfehler sich auswirken, erleben wir täglich in der Wirtschaft. Briefe müssen umgeschrieben, Termine neu festgesetzt, Waren umgeleitet werden, weil sich irgendjemand verhört hat. Hören und Zuhören sind zweierlei. Hören ist die Aufnahme akustischer Signale. Zuhören beinhaltet das Verstehenwollen dieser Signale.

Wichtige Tipps für gutes Zuhören

- Kontrollieren Sie Ihre Umgebung und verhindern Sie Unruhe und Nervositätsunterbrechungen, zum Beispiel von Kollegen, die vor Ihnen stehen und etwas suchen.

- Achten Sie darauf, was der Kunde sagt, und nicht, wie er es sagt. Lassen Sie sich z. B. von einer unbeholfenen Ausdrucksweise bei einer starken emotionalen Reaktion des Kunden nicht aus dem Konzept bringen.
- Seien Sie optimistisch. Auch wenn der Kunde anfangs scheinbar nur Unwichtiges erzählt, hören Sie weiter aufmerksam zu und versuchen Sie, Interessantes in seinen Mitteilungen zu finden.
- Ziehen Sie keine voreiligen Schlüsse. Lassen Sie den Kunden seinen Satz zu Ende bringen. Blockieren Sie sich beim Zuhören nicht mit eigenen Ideen, sondern hören Sie auf die des Kunden.
- Vergegenwärtigen Sie sich, dass Sie viermal schneller denken können, als Ihr Gesprächspartner reden kann. Das bedeutet, dass Ihre Gedanken den Worten des Kunden schnell davonlaufen. Je weiter Sie weg sind, desto schwieriger wird es für Sie, den Anschluss an die Aussagen des Sprechers zu finden. Fassen Sie deshalb immer wieder das, was bereits gesagt wurde, zusammen. Wiederholen Sie die Wünsche des Kunden mit Ihren eigenen Worten.
- Stellen Sie Fragen, die dem Kunden zeigen, dass Sie ihm zugehört haben. Warten Sie die ganze Antwort ab und stellen Sie erst dann eine weitere Frage.
- Sehen Sie nicht auf die Uhr. Sie setzen sich sonst selbst unter Druck. Schauen Sie nicht im Büro nach links und rechts, in Briefe oder auf den Bildschirm. Das lenkt alles ab.
- Vermeiden Sie jede Ablenkung, blättern Sie nicht in den Unterlagen, während der Kunde noch spricht.

Hören	Hinhören	Zuhören
Mit sich selbst beschäf-schäftigt sein, nur sporadisch aufmerken. Dem Gespräch nur so so lange folgen, bis man selbst reden kann.	Aufnehmen, was der andere sagt, ohne sich zu bemühen,herauszufinden, was er wirk-wirklich meint oder sagen will.	Sich in den anderen hineinversetzen, ihm volle Aufmerksamkeit schenken. Ausdrucksweise genauso beachten wie den Inhalt.

Gefahren beim Zuhören

Tagesleistungskurve und Ablenkungen führen zu mangelnder Konzentration. Die Mitarbeiterin am Telefon folgt zwar noch akustisch, nimmt aber geistig nichts mehr an. Ein weiteres Hindernis ist das Anproben der eigenen Antwort. Statt Zuzuhören überlegt sie sich schon ihre eigene Antwort, damit sie gleich reagieren kann. Ein weiterer Stolperstein: Sie denkt über das Gesagte hinaus, erweitert das Gesagte, hört mehr, als gesagt wird. Schließlich versteht sie das, was sie verstehen will, nicht das, was gesagt wird. Informationen sind interpretierbar. Bei gleichem Inhalt kommt es doch immer wieder darauf an, wer was sagt.

»Man braucht zwei Jahre, um Sprechen zu lernen, und fünfzig Jahre fürs Zuhören«

Ernest Hemingway

»Ob Sie es glauben oder nicht, es macht einen Unterschied, mit welchem Ohr man zuhört«, hat der Fernsprech-Psychologe Dr. David Lewis von der englischen Universität Jussex herausgefunden. »Wenn es darauf ankommt, komplizierte Fakten zu analysieren, sollten Sie den Hörer an das rechte Ohr halten. Weil das rechte Ohr mit der linken Seite des Großhirns, der logischen Seite, verbunden ist, werden die Informationen dann objektiver weitergeleitet und verarbeitet. Ist freundschaftlich-verständnisvolles Lauschen gefordert, halten Sie den Hörer ans linke Ohr. Dieser Gehörgang leitet die Informationen an die rechte Gehirnhälfte weiter, die Hemisphäre der Intuition und Vorstellungskraft. Das linke Ohr erhöht das Einfühlungsvermögen, indem es die Empfänglichkeit gegenüber unausgesprochenen emotionalen Regungen verstärkt.«

11. Rücksichtslose Mitarbeiter – was tun?

Gelegentlich nehmen Mitarbeiter einen Rückruf, den die Telefonistin dem Anrufer versprochen hat, einfach nicht vor. Die Folge: Der Anrufer meldet sich wieder in der Zentrale und beschwert sich. Das macht der Telefonistin unnötig Arbeit. Viele Anrufe wären zu vermeiden, wenn die Sachbearbeiter in den Abteilungen Rückrufe nicht auf die lange Bank schieben.

Eine gute Telefonistin hat so viel Zivilcourage, sich bei solchen Mitarbeitern zu melden und für die Besserung dieses Verhaltens zu kämpfen. Sie sollte dies sofort tun und nicht zu lange warten.

Versprochene Rückrufe werden vom Betreffenden nicht ausgeführt

Die Telefonistin bittet beim »Sünder« darum, sich über dieses Problem kurz zu unterhalten. Kommt das Gespräch zustande, so könnte es folgendermaßen formuliert werden: »Herr X, ich habe wie gesagt ein Problem in der Zentrale. Es kommt öfter vor, dass Sie oder andere Mitarbeiter einen Kunden zurückrufen sollten, wenn er während Ihrer Abwesenheit angerufen hat. Dieser Anruf ist dann nicht ausgeführt worden, wegen besonderer Überlastung vielleicht. Das Dumme ist nur, dass dann der Kunde die Telefonistin wieder anruft, weil er glaubt, sie hätte seinen Rückruf-Wunsch dem Mitarbeiter nicht ausgerichtet. Da dies nun – auch vereinzelt bei anderen – schon mehrfach passiert ist, muss ich die Betreffenden ansprechen, um die Firma nicht dem Gerede der Unzuverlässigkeit auszusetzen. Ich möchte natürlich nicht, dass Kunden ein schlechtes Bild von uns haben. Da haben Sie sicher Verständnis – oder wie sehen Sie das?«

Klappt es nachher mit den Rückrufen, so wäre es nett, dem Betreffenden einmal ein Kompliment dafür zu machen, dass er den Wunsch der Zentrale nun so vorbildlich respektiert.

Mitarbeiter verlassen die Firma oder den Arbeitsplatz, ohne bei längerer Abwesenheit die Sekretärin, den Kollegen oder die Zentrale zu informieren. Schicken Sie dem Betreffenden eine E-Mail: »Herr X, Sie werden nicht selten am Telefon verlangt, und wenn ich Sie dann nicht finden kann, weil niemand weiß, wo Sie sich aufhalten, so muss der Kunde längere Wartezeiten in Kauf nehmen. Er versteht dann überhaupt nicht, warum ich nicht im Bilde bin, wo Sie sind und wann Sie zurückerwartet werden. Oft habe ich mir den Vorwurf gefallen lassen müssen, wir wären eine desorganisierte Firma, in der die Leute einfach davonlaufen würden. Einige Kunden sind dadurch total verärgert. Ich muss das Problem einmal direkt mit Ihnen besprechen. Unsere Tätigkeit in der Zentrale ist sonst schon genug stressbelastet.« Klappt es in solchen Fällen trotz des Versprechens des »Sünders« wieder nicht, so müssen Sie Ihren Chef ansprechen. Ein guter Chef steht in solchen Fällen entschlossen hinter Ihnen.

Sprechen Sie auch offen Ihren Vorgesetzten an, wenn etwas in Ihrem Arbeitsumfeld verbesserungswürdig ist bzw. modernisiert werden muss oder wenn organisatorische Umstellungen nötig sind (nur unter Kolleginnen zu schimpfen, vermiest die Atmosphäre). Überlegen Sie es sich vorher aber gut, bei wem Sie wie und wann und mit welchen Argumenten und Beweisen einwirken wollen. Tüchtige Chefs wünschen sich keine Meckerer, sondern konstruktive Kritiker, die ausgewogene Vorschläge bringen.

12. Stress bewältigen in Zentrale und Sekretariat

Häufig lässt sich Stress am Arbeitsplatz gar nicht beseitigen, zumindest nicht dauerhaft. Völlig stressfreies Arbeiten wird nicht erreichbar sein. Durch die richtige Einstellung zum Stress kann man am Telefon viel erreichen. Aber auch die Arbeitseinteilung hilft: Arbeiten mit stärkerer Belastung sollten im Leistungshoch am Vormittag erledigt werden. Dagegen sollte man im Leistungstief am frühen Nachmittag keine zu hohe Leistung von sich selbst fordern. Teilen Sie also Ihre Arbeiten ein, wenn Sie darüber selbst bestimmen können.

Stress hat viele Ursachen

- zu hohe qualitative Anforderungen,
- fehlende Eignung, mangelnde Berufserfahrung,
- Zeit- und Termindruck,
- zu hohes Arbeitstempo,
- unklare Aufgabenübertragung,
- widersprüchliche Instruktionen,
- fehlende Erholung und Entspannung,
- Konkurrenzverhalten unter den Mitarbeitern,
- fehlende Unterstützung und Hilfe,
- Enttäuschung, fehlende Anerkennung,
- Konflikte mit Vorgesetzten und Mitarbeitern.

Schon die Skepsis vor den Stoßzeiten führt zu Stress am Telefon. Wer sich positiv programmiert, geht mit der richtigen Einstellung in die Stoßzeit und reduziert dadurch den Stress.

Positiv denken erhöht die eigene Stress-Stabilität

Das positive Denken beginnt mit der Einsicht, dass nichts wirklich nur negativ ist, sondern dass man praktisch allem auch noch positive Seiten abgewinnen kann. Wer positiv denkt, auch wenn es zunächst nichts Positives gibt, aktiviert man dadurch alle Kräfte und Energien und schafft es schließlich, gelassen zu reagieren. Unterstützen kann man diese positive Grundeinsicht, indem man alle Erfahrungen des Lebens als sinnvoll betrachtet und nicht verdrängt. Dazu gehört, dass man auch schwierige Situationen am Telefon und dadurch negative Gedanken verhindert.

Welche Vorteile hat es, in Stresssituationen positiv zu denken?

1. Mehr Gelassenheit, wenn es stressig wird.
2. Größeres Selbstbewusstsein in schwierigen Situationen.
3. Mehr Durchhaltevermögen.
4. Spaß an der Arbeit – trotz schwierigen Kunden.
5. Geringere Fehlerquote, auch im Chaos.
6. Positive Ausstrahlung am Telefon.
7. Steigendes Wohlbefinden – trotz Stress.

Selbstmanagement gegen Hektik und Stress

Wer immer powert, ist bald ausgepowert. Deshalb müssen Sie in der Telefonzentrale regelmäßig kurze Entspannungsübungen machen. Das geht mental und körperlich. Hier die besten Übungen:

Notbremse ziehen

Sobald Sie merken, dass Sie reizbar oder unkonzentriert werden, ärgerliche Gedanken sich mehr und mehr in den Vordergrund schieben, sagen Sie innerlich laut und deutlich: »Stopp!«. Nach mehrmaliger Übung beherrschen Sie diese Technik, und Sie werden gelassener bleiben, wenn Hektik aufkommt. Erkennen Sie rechtzeitig Ihre »Schmerzgrenze«, damit Sie reagieren können.

Blitzentspannung

Wenn es ganz schnell gehen soll: Atmen Sie ein paar Mal bewusst tief ein und aus. Betonen Sie besonders stark das Ausatmen. Im Stress ist es ein natürliches Bedürfnis, vermehrt einzuatmen, damit wir für »Kampf und Flucht« mehr Sauerstoff zur Verfügung haben. Wir vergessen dabei oft das Ausatmen und haben als Ergebnis das Gefühl, außer Atem zu sein. Stellen Sie sich noch vor, wie mit dem Atmen alle Spannung entweicht.

Lichtpausen einlegen

Wenn Ihre Augen müde sind und Sie sich nicht mehr auf Ihre Arbeit konzentrieren können, machen Sie eine kurze Lichtpause, halten Sie die zu zwei Schalen geformten Handflächen vor die Augen und dichten Sie auch alle Ritzen nach außen mit den Händen ab. Öffnen Sie die Augen weit und schauen Sie eine Weile ins Schwarze. Atmen Sie ruhig und tief weiter, achten Sie darauf, dass Sie den ganzen Körper in einer angenehmen Position halten. Zehn bis fünfzehn Sekunden genügen für diese Übung.

Terminverzögerung zulassen

Perfektion in allem erzeugt enormen Druck. Wenn Sie einen Termin nicht ganz so pünktlich erledigen, dann kalkulieren Sie das Risiko. Von Adenauer sagt man, er habe gewusst, wo Termineinhaltung 100-prozentig erforderlich war und wo 90 Prozent ausreichten. Das sei nicht zuletzt eines seiner Geheimnisse gewesen, weshalb er stressstabil gewesen sei. Arbeiten Sie nach dieser Regel.

Stressbewältigung durch Sport

Berufsstress, der nicht durch körperliche Betätigung in der Arbeit abgebaut werden kann, muss durch körperliche Aktivitäten in der Freizeit abreagiert werden. Die dabei gewonnene körperliche Fitness erhöht gleichzeitig die Widerstandskraft gegen neuerlichen Stress. Die durch »Stress-Mobilisierung« des Körpers bereitgestellten Energien müssen verbraucht werden. Damit es zu einer Stressprophylaxe kommt, muss auch ein Trainingsreiz für das Herz gesetzt, d. h. eine deutlich erhöhte Herzfrequenz (ca. 130) erreicht werden. Allerdings ist darauf zu achten, dass die Herzfrequenz nicht die Zahl von 180 pro Minute, verringert um das Lebensalter, überschreitet (bei trainierten Sportlern 200 abzüglich Lebensalter).

Fazit: Entscheidend ist, wie wir mit Stress umgehen.

Keiner ist zum Leiden unter Stress verurteilt. Jeder Einzelne ist vielmehr dafür verantwortlich, »seinen« Stress zu bewältigen, unnötigen Stress zu vermeiden. Positive Einstellung zum Leben und zur Arbeit, geordnete Lebensverhältnisse, Wissen, wie mit Stress umzugehen ist und aktives Umsetzen dieser Kenntnisse: Das sind wirksame Mittel gegen Stress-Schäden. Auf der anderen Seite ist der Abbau von Stressursachen am Arbeitsplatz auch eine Gemeinschaftsaufgabe. Gutes Betriebsklima mildert Stress! Zu einem guten Klima aber müssen alle beitragen.

13. Kenntnisstand der Telefonistin

Ein Anrufer wird von der Zentrale keine speziellen Fachkenntnisse erwarten. Die Telefonistin muss also keine detaillierten Fachkenntnisse haben, allerdings muss sie über bestimmte Informationen verfügen, die wiederum in den Fachabteilungen nicht vorhanden sind. Gemeint ist vor allem die Abwesenheit einzelner Mitarbeiter. Je früher sie das weiß, desto besser. Etwa 30 Minuten nach Arbeitsbeginn sollte sie darüber informiert sein: Wer ist krank, wer muss unerwartet zu einem Kunden, wer ist in Urlaub oder auf der Messe. Sie kann über Computer informiert werden oder sie führt eine Liste der Abwesenden. Das spart lange Suchaktionen und die Nerven der Telefonistin.

Es gibt aber auch Themen, über die eine Telefonistin nicht Auskunft geben sollte: die private Adresse von Mitarbeitern, Krankheiten von Kollegen und auch Handy-Nummern vom Vorgesetzten – manche Anrufer fordern hartnäckig die Handy-Nummer. Am besten bezieht man sich auf eine interne Anweisung des Vorgesetzten. Natürlich können Sie auch der Sekretärin (sofern es eine gibt) das Gespräch weiterleiten. Soll die sich doch mit dem Anrufer beschäftigen. Erfolgreiches Arbeiten in der Zentrale heißt aber, dass man solche Problemfälle nicht an die Sekretärin weitergibt. Damit sollte man schon selbst klar kommen.

Die Telefonistin: Über was muss sie informiert sein?

Info 1 Abwesenheit der Mitarbeiter (bis 09:00 Uhr) und Rückkehr

Info 2 Büro- und Geschäftszeiten, Betriebsferien und Brückentage

Info 3 Erreichbarkeit der abwesenden Mitarbeiter unterwegs

Info 4 Durchwahlen, E-Mail-Adressen, Fax-Nummern, Briefzeichen

Info 5 Internetseite der eigenen Firma

Info 6 Zuständigkeiten (Stellvertreter)

Info 7 Messe-, Ausstellungstermine sowie Veranstaltungen der Firma

Info 8 Grundkenntnisse der Branche

Info 9 Adressen von Niederlassungen und Außendienstlern

Info 10 Werbeaktionen

14. Beurteilungskriterien für gute Telefongespräche

Anrufer beurteilen nach bestimmten Kriterien die Gesprächsqualität der Telefonistin.

1. **Wartezeit**

   Das ist die durchschnittliche Zeit bis zur Gesprächsannahme durch einen Mitarbeiter oder bis zum Abbruch des Anwahlversuchs (Beispiel: Für bis zu 10 Sekunden gibt es maximal 10 Punkte, 11 bis 20 Sekunden ergeben 9 Punkte usw. Für eine Wartezeit von über 60 Sekunden 0 Punkte).

2. **Formale Gesprächsführung**

   Meldeformel: Begrüßung zu Gesprächsbeginn, Nennen des Firmennamens und des eigenen Namens. Frage nach dem Anliegen.

3. **Ansprache mit Namen**

   Ansprache des Anrufers mit seinem Namen (zu Beginn, im Verlauf und zum Ende des Gesprächs).

4. **Aktives Zuhören**

   Bekunden von Interesse und Verstehen, Gesprächsübernahme, ohne den Anrufer zu unterbrechen.

5. **Sprachgebrauch**

   Sicherheit in Ausdruck und Satzbau. Sprachliches Ausdrucksverhalten: Verwendung von Füllwörtern und Konjunktiven wird negativ beurteilt.

6. **Gesprächsbeendigung**

   Zusammenfassung der Gesprächsinhalte. Dank für das Gespräch, Verabschiedung, Freundlichkeit.

7. **Informationsqualität**

   Fähigkeit, dem Anrufer die Informationen zum Thema verständlich zu vermitteln.

8. **Beschwerdeannahme**

   Beruhigung des Kunden, Entschuldigung, Informationsannahme.

9. **Kundenorientierung**

   Vorschläge machen, Hilfe anbieten, Tatbestände nicht negativ bewerten, Fragen beantworten.

Zum Schmunzeln: »Grundregeln« für das Telefonieren?

1. Freundlichkeit lohnt nicht. Ist denn der Anrufer immer mein Freund? Es bringt absolut nichts, freundlich zu sein.
2. Unterbrechen Sie Ihren Gesprächspartner am Telefon laufend. So übernehmen Sie die Gesprächsführung. Sie wissen ohnehin weit besser als er, was er eigentlich sagen möchte.
3. Niemals sollte man einen Anrufer direkt mit der Person verbinden, die ihm helfen könnte. Der Anrufer sollte merken, dass sich die ganze Firma um ihn kümmert. 6 – 8 Stationen sollte er mindestens bei uns kontakten – das beeindruckt.
4. Die Telefonzentrale muss nicht wissen, wer für was im Haus zuständig ist. Der Betreffende könnte sich dann nicht mehr darum drücken, wenn er als kompetenter Mitarbeiter gefragt wird.
5. Die meisten Anrufe, die kommen, sind unwichtig. Sie sollten daher Rückrufe versprechen und dann vergessen. Die Anrufe erledigen sich dann fast immer von selbst.
6. Es ist sinnlos, sich den Inhalt eines Telefongespräches aufzuschreiben, denn der Zettel kann verloren gehen. Aber was man im Gedächtnis hat, das weiß man.
7. Nehmen Sie niemals den Hörer sofort ab, wenn das Telefon klingelt. Der Anrufer könnte sonst denken, Sie hätten nichts zu tun.
8. Melden Sie sich kurz und knapp mit »Ja«, »Hallo«, mit »Bitte«, vielleicht auch mit »Wer da?« – das ist die richtige Form der Meldung. Wo kämen wir in der heutigen Zeit hin, wenn sich jeder pro Tag zigmal mit Firma, Gruß und Namen meldet?
9. Den Anrufbeantworter müssen Sie nicht gleich abhören, wenn Sie von der Pause zurückkommen. Die anderen Abteilungen machen das ja auch nicht.

Fall 1: Der Anrufer will den Geschäftsführer sprechen

1. Zentrale: »Voss Datentechnik, guten Morgen«
2. Anrufer: »Kling, Firma Wegener in Augsburg. Ich habe Ihre Adresse empfohlen bekommen, wer ist denn zuständig für Augsburg?«
3. Zentrale: »Oh tut mir Leid – weiß ich nicht, ich gebe Ihnen mal den Innendienst.«
4. Anrufer: »O. K.«
5. Zentrale: »Hören Sie, da wird gerade gesprochen.«
6. Anrufer: »Ja, ich kann aber nicht länger warten. Geben Sie mir doch mal jemanden von der Geschäftsführung.«
7. Zentrale: »Die sind jetzt gerade in einer Besprechung. Können Sie in einer Stunde noch mal zurückrufen?«
8. Anrufer: »Wie wäre es denn, wenn ich Ihnen meine Adresse gebe und Sie rufen mich zurück?«
9. Zentrale: »O. K.«
10. Anrufer: »Also das ist Firma Wegener, Augsburg 795160, meine Durchwahl ist 44.«
11. Zentrale: »O. K. – und um was geht es?«
12. Anrufer: »Ob Sie einen Außendienst haben für Augsburg und wer das ist.«
13. Zentrale: »Aha«
14. Anrufer: »Kann ich mal mit der Sekretärin sprechen?«
15. Zentrale: »Die ist außer Haus, aber ich weiß ja, um was es geht und leite Ihre Anfrage weiter.«
16. Anrufer: »Und bis wann bekomme ich Antwort? Noch heute Vormittag?«
17. Zentrale: »Ich kann Ihnen nichts versprechen.«
18. Anrufer: »Sagen Sie, ich habe da noch eine Frage ... führen Sie auch ABC in metallic und zwar in Überlänge?«
19. Zentrale: »Weiß ich nicht, können Sie Ihre Anfrage per Fax reingeben, da ist Herr Schlier vom Innendienst zuständig.«
20. Anrufer: »Da soll er mich kurz anrufen, Sie haben ja meine Durchwahl. Ich bin bis 13:00 Uhr da.«

Fall 1: Kommentare

zu 1. Der Name der Telefonistin fehlt.

zu 3. »Tut mir Leid, weiß ich nicht« ist negativ. Besser: »Zuständig ist ..., die Durchwahl lautet ..., darf ich Sie mit ihm verbinden?«

zu 5. Statt »Hören Sie« besser den Namen des Anrufers sagen und Rückruf anbieten.

zu 7. Größter Fehler: Die Telefonistin fragt den Kunden, ob er selbst noch mal anruft.

zu 9. »O. K.« ist etwas dürftig. Hier fehlt der Name des Anrufers.

zu 11. Die Frage, um was es geht, zeigt, dass sie nicht zugehört hat. Denn in Nr. 2 sagt der Anrufer, um was es ihm geht.

zu 13. Zum Kenntnisstand der Zentrale gehört die Antwort, ob für Augsburg ein Außendienst existiert oder nicht. Das muss eine Zentrale wissen. Oder sie verweist auf die eigene Homepage.

zu 15. Zusätzlich ist es gut, wenn sie sagen kann, wann die Sekretärin zurück ist und wann sie die Nachricht weiterleitet.

zu 17. Eins kann sie immer versprechen: dass sie es sofort weiterleitet.

zu 19. Bessere Reaktion: »Da ist Herr ... zuständig, ich verbinde«. Oder: »Ich notiere mir das und sorge für Erledigung, sind Sie damit einverstanden?«

Fall 2: Die Lieferzeit kann nicht eingehalten werden

Die Dame am Telefon hat eine schlechte Nachricht für einen Kunden.
Die Telefonistin Frau Stämmle der Firma Menz + Wannstein ruft den Kunden an.

1. Kunde: »Fessler, grüß Gott.«
2. Mitarbeiterin: »Menz + Wannstein, mein Name ist Stämmle.«
3. Kunde: »Ah – die Frau Stämmle!«
4. Mitarbeiterin: »Grüß Gott, Herr Fessler, ich habe keine gute Nachricht. Zunächst vielen Dank für Ihre Bestellung, aber die angegebene Lieferzeit von 2 Wochen geht nicht.«
5. Kunde: »Oh je, das ist aber ganz schlecht, wieso geht das denn nicht?«
6. Mitarbeiterin: »Ja, es ist halt so – der Vorlieferant macht da Probleme mit dem Rohmaterial. Und am Lager ist bei uns nichts mehr. Tut mir Leid, aber es geht halt nicht.«
7. Kunde: »Ja, und was soll ich jetzt machen?«
8. Mitarbeiterin: »Ja, ich weiß es nicht, Herr Fessler, ich soll Sie von unserem Herr Hartmann anrufen, und wenn der als Verkaufsleiter sagt, es geht nicht, dann geht es nicht.«
9. Kunde: »Ja, können Sie nicht eine Teilmenge liefern oder ein anderes Material oder noch mal mit dem Vorlieferanten sprechen? Da muss es doch eine Lösung geben!«
10. Mitarbeiterin: »Es ist halt so, dass Sie nicht der Einzige sind. Wissen Sie, andere müssen auch warten. Das Rohmaterial kommt aus dem Ausland.«
11. Kunde (unterbricht): »Aber das kann doch nicht wahr sein. Sie müssen mir doch helfen.«
12. Mitarbeiterin: »Möchte ich ja gerne, Herr Fessler, wirklich.«

13. Kunde: »Dann geben Sie mir mal Herrn Voss von der Geschäftsleitung.«

14. Mitarbeiterin: »Ja, der kann Ihnen auch nichts anderes sagen. Vielleicht können wir einen anderen Kunden vertrösten und Ihnen von einem anderen Auftrag etwas liefern.«

15. Kunde: »Na bitte – das ist doch was. Wann bekomme ich da Bescheid?«

16. Mitarbeiterin: »Also, versprechen kann ich nichts, vielleicht klappt es, Herr Voss ruft Sie gegen 14.30 Uhr an, geht das?«

17. Kunde: »O. K., Frau Stämmle – auf Wiederhören.«

Fall 2: Kommentare

zu 2. Die Telefonistin sollte noch den Gruß und den Kundennamen nennen: »Menz + Wannstein, Barbara Stämmle, guten Tag, Herr Fessler.«

zu 4. Gruß und Kundennamen nennt sie zum Glück doch noch. Sie lehnt die Lieferzeit aber nur ab und macht keinen neuen Vorschlag.

zu 6. Das sind Tabu-Themen. Sie spricht negativ über den Lieferanten und über den Lagerbestand. (siehe Kapitel Tabu-Thema)

zu 8. Wie steht die Telefonistin da, wenn Herr Fessler jetzt den Verkaufsleiter anruft und dann geht es plötzlich doch mit der Lieferzeit? Besser sie fragt, welche Lieferzeit der Kunde im äußersten Fall anerkennt und setzt sich nochmals ein.

zu 10. Der Kunde darf nicht wissen, dass andere Kunden auch auf Ware warten. Also: Dem Kunden Recht geben, dass er eine Lösung möchte und eine E-Mail von der Verkaufsabteilung anbieten.

zu 12. ohne Kommentar

zu 14. Auch hier sagt die Telefonistin etwas, was der Kunde nicht wissen soll (... von einem anderen Auftrag liefern ...). Das ist doch ein Tabu-Thema.

Fall 3: Die wortkarge und einsilbige Mitarbeiterin

1. Mitarbeiterin: »Firma Tefla.«
2. Kunde: »Ja hier spricht Senzer von Firma Roto, ich habe mal eine Frage, können Sie XY auch verchromt im Sondermaß 30 x 80 cm liefern?
3. Mitarbeiterin: »Ja, das geht.«
4. Kunde: »Im Katalog ist nur die Ausführung 412 in Hochglanz im Standardmaß.«
5. Mitarbeiterin: »Ja.«

6. Kunde: »Wie ist denn das der Preis? Könnten Sie mir das faxen?«
7. Mitarbeiterin: »O. K.«
8. Kunde: »Aber den Preis für das Sondermaß.«
9. Mitarbeiterin: »Ja, mach ich.«
10. Kunde: »Und haben Sie auch Staffelpreise?«
11. Mitarbeiterin: »Ja.«
12. Kunde: »Dann bieten Sie mir per Fax 50, 100, 250 und 500 Stück an.«
13. Mitarbeiterin: »Gut.«
14. Kunde: »Können Sie innerhalb von 10 Tagen liefern?«
15. Mitarbeiterin: »Hm, da bin ich überfragt.«
16. Kunde: »Klären Sie das bitte und senden Sie ein Fax.«
17. Mitarbeiterin: »Alles klar.«
18. Kunde: »Und dann sagen Sie Ihrem Außendienst, dass er mal vorbeikommt.«
19. Mitarbeiterin: »Gut, mach ich.«
20. Kunde: »Ist das noch der Herr Wolf? Er soll sich aber vorher anmelden.«
21. Mitarbeiterin: »Ich sag's ihm.«
22. Kunde: »Gut – und wie ist Ihr Name?«
23. Mitarbeiterin: »Behrend.«
24. Kunde: »Aha – also, dann Auf Wiedersehen.«
25. Mitarbeiterin: »Wiederhören.«

Fall 3: Kommentare

zu 1. Bei der Begrüßung fehlen Name und Tagesgruß.

zu 3. Die Antwort ist kurz angebunden und wirkt daher nicht freundlich. Besser: »Ja, das haben wir, soll es Ihnen unsere Auftragsbearbeitung faxen?«

zu 5. Ebenfalls kurz angebunden.

zu 7. Die clevere Telefonistin müsste nach der Mengenabnahme fragen. Denn danach richtet sich der Preis.

zu 9. Am besten fragt sie, bis wann der Anrufer das Angebot braucht.

zu 11. Die Staffelpreise muss sie nicht wissen, sie kann das Gespräch spätestens an dieser Stelle weiterleiten. Ist die Leitung besetzt, muss sie das Gespräch fortführen.

zu 13. Zahlen müssen wiederholt werden.

zu 15. An dieser Stelle sollte sie die zuständige Person nennen.

zu 17. ohne Kommentar

zu 19. ohne Kommentar

zu 21. Sie sollte die Adresse und Telefonnummer nennen.

zu 23. Zum Namen den Vornamen nennen.

Schlusskommentar: Gespräche in derart schlechter Qualität darf es auch in der Urlaubszeit, wenn Aushilfen oder Studenten in der Zentrale sitzen, nicht geben. Hier wird in wenigen Sekunden viel kaputtgemacht, was teure Image-Inserate wieder nachbessern müssen.

Fall 4: Ein versprochener Rückruf wurde nicht gehalten

1. Zentrale: »Firma Lachmann, guten Tag«
2. Anrufer: »Ja hier ist Schelzig, Firma Bautechnik in Tübingen. Ich hätte gerne Herr Schuhmacher.«
3. Zentrale: »Moment« – nach 30 Sekunden: »Hören Sie noch?«
4. Anrufer: »Ja, ist er denn nicht zu erreichen?«
5. Zentrale: »Nein, er nimmt nicht ab.«
6. Anrufer: »Ja, es geht da um einen dringenden Rückruf. Ich warte auf Herrn Schuhmacher schon seit vorgestern. Er wollte mich zurückrufen.«
7. Zentrale: »Tut mir Leid.«
8. Anrufer: »Ist denn seine Sekretärin da? – Und wer ist das denn?«
9. Zentrale: »Moment« – nach 20 Sekunden: »Hören Sie?«
10. Anrufer: »Ja«
11. Zentrale: »Also, tut mir Leid, ich höre gerade, dass sie außer Haus ist.«
12. Anrufer: »Wann kommt denn Herr Schuhmacher? Es eilt mir wirklich!«
13. Zentrale: »Also heute Nachmittag, so gegen 14:30 Uhr müsste er da sein, aber versprechen kann ich nichts, er verspätet sich in letzter Zeit auch mal etwas und ich glaube, heute nachmittag hat er wieder Termine.«
14. Anrufer: »Also hören Sie mal, mir reicht's jetzt! Wollen Sie sich mein Anliegen nicht mal notieren?«
15. Zentrale: »Ja, mach ich – um was geht's denn?«
16. Anrufer: (berichtet über sein Anliegen)
17. Zentrale: »Ja gut, dann geben Sie mir noch Ihre Adresse.«
18. Anrufer: »Aber die haben Sie doch, ich bin doch seit drei Jahren Kunde bei Ihnen.«
19. Zentrale: »Ja – aber trotzdem.«
20. Anrufer: »Also, das ist die Firma Bautechnik in Tübingen in der Poststraße.«
21. Zentrale: »Und Ihre Telefonnummer?«
22. Anrufer: »48 22 10, meine Durchwahl ist 66.«

23. Zentrale: »Und die Vorwahl? Dann muss ich sie nicht raussuchen.«
24. Anrufer: »07071«
25. Zentrale: »Und wie war noch mal Ihr Name?«
26. Anrufer: »Schelzig, Mathias Schelzig«

Fall 4: Kommentare

zu 1. Wie in den anderen Fällen ist auch hier die Begrüßung unvollständig.

zu 3. Es muss »Moment bitte« heißen und beim Rückholen des Gesprächs der Name des Kunden genannt werden.

zu 5. Bei der Absage »Nein« fehlt der Vorschlag. Absagen müssen immer mit einem Vorschlag verbunden werden (Rückruf, Stellvertreter, Notizen machen).

zu 7. Hier fehlt die Absichtserklärung: »Ich möchte Ihnen helfen.« Das geht auch in Frageform.

zu 9. wie Nr. 3

zu 11. Die Telefonistin muss sich spätestens jetzt entscheiden: Notizen machen oder Rückruf vorschlagen.

zu 13. Sie darf nicht sagen, dass sich Herr Schuhmacher »in letzter Zeit verspätet«.

zu 15. und 17. Das wäre so nicht gelaufen, hätte die Dame sich am Telefon anders verhalten.

zu 19. »Trotzdem« ist kein positives Wort. Besser: »Sind Sie so nett und geben mir ... nur zur Sicherheit.«

zu 21. Die Telefonnummer erfragt man höflicher, hat sie aber meistens im Display.

zu 23. Die Telefonistin macht's sich bequem – sie will nicht suchen.

zu 25. Sie bedankt sich nicht und fragt falsch: »Wie war Ihr Name.« Richtig: »ist«

Fall 5: Die Adresse des Anrufers aufnehmen

Ein Anrufer will Unterlagen von einem Lieferanten.

1. Telefonistin: »Wärmetechnik Berger, guten Tag.«
2. Anrufer: »Firma Soolmann, Heilbronn, Wedhorn, guten Morgen.«
3. Telefonistin: »Morgen.«
4. Anrufer: »Ich habe in der Fachpresse über Ihre Firma gelesen. Könnten Sie mir da mal Unterlagen schicken?«

5. Telefonistin: »Das macht unsere Verkaufsabteilung, Moment.«
6. Telefonistin: (nach 60 Sekunden) »Hallo – hören Sie, da meldet sich niemand.«
7. Anrufer: »Können Sie veranlassen, dass man mir was zuschickt?«
8. Telefonistin: »Ja, da müssen Sie mir Ihre Adresse geben.«
9. Anrufer: »Das ist die Soolmann GmbH, 69161 Wächtersbach, Postfach 40 11 98.«
10. Telefonistin: »Moment, Moment, erst mal Ihren Namen.«
11. Anrufer: »Wedhorn, Hans-Jürgen, – Wedhorn.«
12. Telefonistin: »Und wie heißt noch mal Ihre Firma?«
13. Anrufer: »Soolmann – ich bin Einkaufsleiter.«
14. Telefonistin: »Mit h?«
15. Anrufer: »Nein, ohne h, Soolmann mit zwei o.«
16. Telefonistin: »Und die Postleitzahl?«
17. Anrufer: »69161«
18. Telefonistin: »Das Postfach?«
19. Anrufer: »40 11 98.«
20. Telefonistin: »Und die Telefonnummer?«
21. Anrufer: »81 46 97, aber die haben Sie doch im Display, oder?«
22. Telefonistin: »Stimmt, also ich lege dem Verkaufsleiter einen Zettel hin.«

Fall 5: Kommentare

zu 1. Vor- und Zuname bei der Begrüßung fehlen.

zu 3. Es muss heißen: »Guten Morgen, Herr Wedhorn.« Ist der Anrufer bereits bekannt, dann auch: »Hallo, Herr ...«

zu 5. »Ja gerne« hört sich besser an: »Ja, das macht unsere Verkaufsabteilung. Ich verbinde Sie, die Durchwahl lautet übrigens ...«

zu 6. Bei Auswärtsgesprächen sollte sie sich nach 30 Sekunden melden, falls nicht möglich, ist eine kleine Entschuldigung angebracht (»Entschuldigung, dass Sie warten mussten«). Statt »hören Sie ...« besser den Namen des Anrufers sagen.

zu 8. Richtig heißt es: »Bitte geben Sie mir Ihre Adresse.«

zu 10. Wieso will die Telefonistin erst den Namen wissen? Und wenn – dann etwas höflicher. Wenn sie den Kundennamen weiß, sollten sie ihn im weiteren Gesprächsverlauf auch anwenden.

zu 16. und 18. Mit »bitte« oder nachher »danke« wirkt sie freundlich.

zu 20. Die Telefonnummer hat sie im Display und sollte sie nur nochmals vorlesen.

Quiz – Testen Sie Ihr Wissen

1. Sagen Sie »Guten Morgen« nur bis ______ Uhr.
2. Bei schwer verständlichen Namen fragen Sie ______
3. Ihre Stimme ist wohlklingend, wenn ______
4. Statt »tut mir Leid« sagen Sie ______
5. Für Rückrufe notieren Sie ______
6. Länger als ______ Sekunden dürfen Sie den Anrufer nicht am Telefon warten lassen.
7. Benutzen Sie für Ihre Notizen ein ______
8. Die offene Frage ist ______ als die geschlossene Frage.
9. Die Alternativfrage: Typisch ist das Wort ______
10. Sprechen Sie möglichst im gleichen Redetempo wie ______
11. Wenn Sie nach Ihrem Namen gefragt werden, nennen Sie noch den ______
12. Beim freundlichen Verabschieden sagen Sie ______

Die Lösungen finden Sie auf der nächsten Seite!

Lösung zum Quiz

1. Sagen Sie »Guten Morgen« nur bis ca. 10:00 Uhr.
2. Bei schwer verständlichen Namen fragen Sie »Wie ist Ihr Name, bitte?«
3. Ihre Stimme ist wohlklingend, wenn Sie langsam und lebendig sprechen.
4. Statt »Tut mir Leid« sagen Sie »Ich verstehe, das ist ärgerlich.«
5. Für Rückrufe notieren Sie: Person, Durchwahl, Rückrufzeit und Anliegen.
6. Länger als ca. 45 Sekunden dürfen Sie den Anrufer nicht am Telefonwarten lassen.
7. Benutzen Sie für Ihre Notizen ein Formular (siehe Seite 28).
8. Die offene Frage ist besser als die geschlossene Frage.
9. Die Alternativfrage: Typisch ist das Wort »oder«.
10. Sprechen Sie möglichst im gleichen Redetempo wie der Anrufer.
11. Wenn Sie nach Ihrem Namen gefragt werden, nennen Sie noch den Vornamen.
12. Beim freundlichen Verabschieden sagen Sie: »Schönen Tag noch.« oder »Alles Gute!« oder »Viel Erfolg!«

Teil 4
Der Besucherempfang

Die Mitarbeiter im Empfang erfüllen sehr gut ihre Aufgabe, wenn sie aufgeschlossen, kompetent und kommunikationssicher sind. Sie müssen die Bedeutung ihrer Funktion kennen und sie in ihrem persönlichen Verhalten zum Ausdruck bringen. Sie müssen sich dem Besucher vollständig zuwenden, sein Anliegen als das wichtigste Ereignis des Augenblicks ansehen und daraufhin entsprechend professionell und souverän reagieren. Sie müssen ihm klare Informationen geben und ihm durch persönlichen Einsatz den Aufenthalt während des Wartens auf den Gesprächspartner so angenehm wie möglich gestalten. In der täglichen Praxis sieht es häufig ganz anders aus: Wenn ein Besucher kommt und die Dame am Empfang gerade telefoniert, vergisst sie durch Blickkontakt den Besucher »zu empfangen«. Sie kann das Gespräch weiterführen, wenn sie wenigstens durch den Blickkontakt ein »Willkommen« signalisiert.

Die für den Empfang zuständigen Mitarbeiter müssen klar erkennen, dass ihre Tätigkeit »Service« bedeutet, und sie müssen sich daher auch entsprechend persönlich engagieren. Ankommende Besucher erleben es immer wieder, dass sie für ihr Fahrzeug keinen Parkplatz finden, während gleichzeitig die für die Mitarbeiter reservierten Plätze unbesetzt sind. Sie sitzen in zugigen Warteecken gegenüber gedankenlos aufgestellten Ständern mit Informationsmaterial, das nicht aktuell ist und nichts aussagt. Die Optimierung des Umfelds im Empfang – vom Parkplatz bis zu den ausliegenden Firmeninformationen – kann nicht allein Sache des Empfangspersonals sein.

Eine wichtige Aufgabe ist es, auch die bauliche Anlage des gesamten Empfangsbereiches kritisch zu überprüfen und sie notfalls umzugestalten. Es gibt Firmen, bei denen der Besucher auf eine schlecht beleuchtete abweisende Empfangsfront zugehen muss, und andere, bei denen er durch ein kleines Fenster nach seinem Anliegen gefragt wird. Er muss dann seinen Kopf senken, um die Sprechöffnung im Fenster zu treffen. Dadurch entsteht in der Regel unmittelbar kein positives Gefühl.

Ist Ihnen bewusst, dass der Empfang neben dem Telefon den ersten Eindruck vom Betrieb vermittelt? Deshalb sollten Sie jeden Besucher als gern gesehenen Gast behandeln (auch wenn es sich z. B. »nur« um einen Vertreter handelt, der etwas von Ihnen will)? Denken Sie an den Multiplikator: Ein unzufriedener Besucher erzählt es 14 Personen weiter. Also: Nehmen Sie sich Zeit für die Besucher. Schon beim Parken entsteht beim Besucher ein Eindruck: Ist eine ausreichende Anzahl Besucherparkplätze vorhanden? Und: Sind sie ohne weiteres als solche erkennbar? Der Besucher hofft auf einen freien Platz. Jeder Besucher muss das Gefühl haben, dass Sie sich um ihn bemühen. Helfen Sie mit, die Wartezeiten zu verkürzen, indem Sie ihm einen Sitzplatz anbieten, möglichst in der Eingangshalle. Bemühen Sie auch dann um die Lösung eines Besucherproblems, wenn der zuständige Mitarbeiter außer Haus oder nicht greifbar ist. Bei nicht angemeldeten Besuchern könnten Sie einen Stellvertreter anbieten. Der Empfang muss äußerlich ansprechend und übersichtlich eingerichtet sein. Ein Besucher geht immer vor, auch wenn Arbeitskollegen dringend etwas von Ihnen wollen. Stellen Sie private Dinge sofort zurück, wenn der Besucher sie braucht. Wenn Sie die Wartezonen im Blick haben, können Sie stets sehen, ob alles in Ordnung ist. Überregionale Tageszeitungen, die ausliegen, müssen aktuell sein. Zeitungen von vorgestern machen keinen guten Eindruck. Boulevardzeitungen haben hier nichts zu suchen, ebenso Lesezirkel. Gehen Sie auch auf kleine Privatwünsche ein (z. B. einen Katalog überreichen, Auskunft geben, eine Wegebeschreibung geben usw.).

Was beim Besucherempfang wichtig ist

1. **Vorinformation haben über den erwartenden Besucher**
   - Wer kommt von welcher Firma für wen?
   - Parkplatzreservierung: bei wichtigen Besuchern einen Parkplatz frei halten
2. **Ihr Umfeld**
   - Empfangstisch, Namensschild, Blumen
   - Beleuchtung, Raumatmosphäre
3. **Ihr Verhalten**
   - Aufstehen, Begrüßung, Händeschütteln
   - Small-Talk
4. **Wartezeiten für Besucher**
   - Sitzgelegenheit, Kaffee, Zeitung, Garderobe, WC-Hinweisschild
   - Zwischenmelden, wenn mehr als 15 Minuten Wartezeit
5. **Übergeben an Mitarbeiter**
   - Abholung durch den Mitarbeiter, Wegebeschreibung, wenn der Besucher allein zum gewünschten Mitarbeiter geht, Besucher selbst hinbringen
6. **Sonderfälle bei Besuchern**
   - Unangemeldete Besucher, »Kaltbesuche« von Lieferanten
   - wartende Besucher dürfen interne Dinge nicht mitbekommen, z. B. Aushang am Schwarzen Brett oder Telefonate mit Kunden

Fragebogen für Besucher

Ihre Anregungen und Kritik helfen uns, unseren Besucherempfang ständig zu verbessern und Ihre Erwartungen optimal zu erfüllen!

1. Wie beurteilen Sie den Eingangsbereich?

☐ sehr positiv ☐ positiv ☐ weniger positiv ☐ negativ

2. Wie konnten Sie parken?

☐ sehr gut ☐ gut ☐ weniger gut ☐ schlecht

3. Wie empfinden Sie unsere Mitarbeiterin?

Freundlichkeit:

☐ sehr freundlich ☐ freundlich ☐ nett ☐ unfreundlich

Wartezeiten:

☐ sehr kurz ☐ kurz ☐ lange ☐ zu lange

Wie konnten Ihnen unsere Mitarbeiter/innen weiterhelfen?

☐ sehr gut ☐ gut ☐ weniger ☐ gar nicht

4. Was können wir besser machen?

Anregungen:

Ihre Angaben (wenn Sie wollen):

Name:

Firma:

Datum:

Vielen Dank für Ihre Mithilfe und auf Wiedersehen!

Teil 5
Was Sie vorbereitend tun können

1. Seminarbesuche – außer Spesen nichts gewesen?

Wer mit dieser Frage ein Telefontraining verlässt, hat irgend etwas falsch gemacht. Die innere Sperre, das »falsche« Thema, keine Zeit zur Umsetzung – die Reihe der Gründe ist lang, an denen der Erfolg eines Seminars scheitern kann. Seminarbesuche sind zwar kostspielig, aber eine gute Chance für die Telefondamen, sich weiterzubilden.

»Die Telefonzentrale« – Wann lohnt ein Seminarbesuch?

Pünktliches Erscheinen zu Seminarbeginn muss gewährleistet und vorzeitiges Weggehen vor Seminarende ausgeschlossen sein. Das Seminarziel kann nur erreicht werden, wenn sich die Teilnehmerin an Diskussionen beteiligt. Es ist unbegreiflich, dass einige einfach vorher gehen müssen, weil ihr Zug schon fährt. Andere wiederum kommen erst später, weil die Verkehrsverhältnisse schlecht waren. Liegt der Wohnort des Teilnehmers vom Seminarort weiter weg als 200 km, dann ist eine Anreise am Abend vorher auf alle Fälle besser. Sparen Sie hier nicht am falschen Fleck! Auch der Seminarort spielt für den Seminarerfolg eine große Rolle. Weit ab vom Wohnort ist die Umgebung meist ungestörter, als wenn das Seminar in der Firma stattfindet.

Je spezialisierter ein Thema ist, desto seltener wird es stattfinden. Verschieben Sie also einen notwendigen Seminarbesuch nicht, weil einen Tag vorher noch ein wichtiger Termin dazwischengekommen ist. Sie sind nicht unabkömmlich, ein geplantes Seminar darf nicht verschoben werden. Wenn Sie krank wären, könnten Sie einen Termin im Betrieb auch nicht wahrnehmen.

Halten Sie sich zu alt für Weiterbildung? Haben Sie Angst, dass andere Seminarteilnehmer mehr wissen? Wissen hat nichts mit dem Alter zu tun und um besser zu werden, gibt es keine Altersgrenze. Nur wer aufhört zu lernen, ist alt. Für den Seminarbesuch gibt es kein ideales Alter. Viele glauben, Seminare machen keinen Sinn, wenn man nicht schon länger in der Firma ist und ein Mindest- oder Höchstalter wäre sinnvoll. Einzige Voraussetzung: Motivation muss vorhanden sein, sonst ändert sich nach dem Training nichts. Besonders den jungen Damen sei Mut gemacht zur Teilnahme an Seminaren, wo erfahrene Mitarbeiterinnen teilnehmen. Ein guter Referent sorgt im Training dafür, dass auch die Jüngeren zu Worte kommen, er schließt sie in die Diskussion mit ein.

Realistische Erwartungen haben

Suchen Sie im Telefonseminar 150 brandneue Tipps? Dann kommen Sie enttäuscht von der Veranstaltung zurück: Denn Erfolgsgarantien auf ein paar Seminar-Manuskriptseiten gibt es nicht. Überzogene Seminarerwartungen findet man unter den Teilnehmern immer wieder. Seminare setzen voraus, dass der Teilnehmer sich das Wissen erarbeitet und nicht die gebratenen Tauben erwartet. Seminarergebnisse müssen zu Hause aufgearbeitet und umgesetzt werden. Dafür übernimmt jeder Teilnehmer selbst die Verantwortung. Erwarten Sie keine Branchentipps. Telefonseminare werden branchenneutral gehalten. Die Teilnehmer müssen dann die Inhalte des Referenten selbst auf ihre eigene Situation und auf die Branche umsetzen. Nur bei Inhouse-Schulungen bereitet sich der Trainer auf die Branche vor. Wer wird zu welchem Seminar angemeldet? Auf Anforderung verschicken Veranstalter ihre Programme, meist schon Monate vor dem Seminartermin. Nun werden interessante Themen aus dem Programmheft kopiert und in Umlauf gebracht. Die Mitarbeiter äußern ihre Wünsche bis zu einem bestimmten Termin schriftlich an den jeweiligen Vorgesetzten oder die Personalabteilung. Die Einteilung, wer wohin geht, kann beginnen.

Training ist nicht teuer

Die Teilnehmergebühren liegen zwischen 240,- Euro und 420,- Euro je Tag. Ein guter Trainer gibt den Teilnehmern wertvolle Anregungen zur Erleichterung der Arbeit und Bewältigung der täglichen Probleme. Es wird immer einen Grund geben, warum man einen Mitarbeiter nicht ins Seminar schickt. Ganz absurd ist beispielsweise auch die Einstellung: »Durch Seminare wird der Mitarbeiter immer besser und will schließlich mehr Gehalt.« Wer so den Weg zur Weiterbildung versperrt, hat um sich herum bald ein Heer von »Erntehelfern«, die den steigenden Anforderungen nicht mehr gewachsen sind.

➜ Paradoxes über das Lernen

Je mehr wir lernen, desto mehr wissen wir.
Je mehr wir wissen, desto mehr vergessen wir.
Je mehr wir vergessen, desto weniger wissen wir.
Je weniger wir wissen, desto weniger vergessen wir.
Je weniger wir vergessen, desto mehr wissen wir.
Warum also lernen?

Transfer des Seminarwissens in die Praxis

Sicherlich nimmt jeder Teilnehmer wertvolle Anregungen und Erkenntnisse für seine berufliche Praxis mit. Aber: Wie kann er den Gewinn aus dem Seminar transferieren? Wie wird das erworbene Wissen praktisch anwendbar? Es genügt nicht, ausführliche Notizen während des Seminars zu machen. Für die Seminar-Nacharbeit muss noch Zeit und Gelegenheit gegeben sein. Es ist sinnvoll, sich die Notizen innerhalb einer Woche nach dem Seminar wieder durchzulesen. Eine »stille Viertelstunde« muss man sich jede Woche reservieren können: Was gab es an Anregungen? Was kann wann geändert werden? Wissen ist auch vermittelbar an Kollegen.

Ein Erfolgskiller für Seminare: Der Vorgesetzte schickt zwar seine Mitarbeiter zu Seminaren, damit sie neue Erkenntnisse gewinnen, verschließt sich dann aber der Innovation. Viele Teilnehmer kommen begeistert mit Anregungen und Ideen zurück, aber es bleibt alles beim Alten, der Vorgesetzte will nicht, dass etwas geändert wird. Seminare sind auch für ihn wichtig. Eigentlich sollte er zuerst das Seminar besuchen und dann erst der Mitarbeiter. Denn viele Themen berühren auch ihn als Entscheider über die interne Organisation. Warum hört er sich das Seminar nicht selbst an?

Seminare gibt es wie Sand am Meer

Das Angebot ist enorm: Über 800 Veranstalter führen Telefon-Seminare durch, dazu kommen Trainer, die Seminare direkt anbieten. Hochglanzprospekte und Internetseiten versprechen großartige Erfolge – und machen die Entscheidung auch nicht leichter. Wer ein Seminar im Vorfeld beurteilen will, tut sich häufig schwer. Neben dem Preisvergleich der verschiedenen Anbieter ist auch die Fahrt und Unterkunft im Hotel ein Kostenfaktor. Nehmen Sie den Preis unter die Lupe! Klären Sie mit dem Institut, ob es bei mehreren Anmeldungen pro Jahr (nicht pro Seminar) einen Nachlass gibt. Sind mehrere Mitarbeiter an einem Seminarthema interessiert? Planen Sie z. B. eine interne Schulung (Firmenseminar). Die meisten Referenten kommen auch bei vier bis sechs Teilnehmern in die Firma. Sie sparen dann die Anreise mehrerer Personen zum Training und zahlen für den Referenten nur einmal Fahrt und Übernachtung.

Checkliste: Lohnt sich das Seminar?

Praxisnahe Entscheidungskriterien für Vorgesetzte

☒ J = ja, N = nein

		J	N
1.	Geht der Mitarbeiter ohne Zwang gerne in das Seminar?	☐	☐
2.	Kennt er die Inhalte aus dem Seminarprogramm?	☐	☐
3.	Entsprechen die Inhalte zu über 50 Prozent dem Arbeitsgebiet des Teilnehmers?	☐	☐
4.	Ist nach dem Training mit einer Verhaltensänderung zu rechnen?	☐	☐
5.	Hat der Betreffende schon erfolgreich an früheren Seminaren teilgenommen?	☐	☐
6.	Sind Ihnen oder Mitarbeitern Ihres Betriebes Institut oder Referent bekannt?	☐	☐
7.	Liegt die Teilnehmergebühr im Vergleich zu anderen Veranstaltern im Rahmen?	☐	☐
8.	Lässt es das Arbeitspensum zu, dass dieser Mitarbeiter in das Seminar geht?	☐	☐
9.	Ist die Zeit vorhanden, nach dem Training das Wissen umzusetzen?	☐	☐
10.	Ist es ganz sicher, dass die Vorgesetzten auch offen sind für Vorschläge ihrer Mitarbeiter, wenn diese vom Seminar zurückkommen?	☐	☐
11.	Sind die Erwartungen an das Seminar realistisch und akzeptiert der Mitarbeiter, dass ihm keine »gebratenen Tauben« in den Mund fliegen?	☐	☐
12.	Deckt sich die im Programm erwähnte Zielgruppe mit der Position und Funktion des Teilnehmers?	☐	☐

Auswertung

Je mehr »Ja« angekreuzt sind, umso besser. Mindestens 8-mal sollte JA angekreuzt sein, besser aber 10-mal, bevor Sie sich entscheiden, jemanden in ein Seminar zu schicken. Schließlich gilt das auch für den eigenen Seminarbesuch. Wenn Sie selbst in das Training möchten, müssen die Voraussetzungen auch stimmen.

Erfolgs-Killer erfassen und reagieren

Die Seminarteilnahme macht nur Sinn, wenn auf negative Gedanken im Training sofort gegenreagiert wird.

Killer-Einstellung	Gegen-Reaktion
1. Ich habe später keine Zeit zur Umsetzung.	Ich nehme mir Zeit.
2. Das ist etwas für andere, nicht für mich.	Erst probieren, dann urteilen.
3. Ich vergesse das wieder.	Ich mache mir Notizen.
4. Ich weiß nicht, wo ich zuerst anfangen soll.	Ich plane Schritt für Schritt.
5. Mein Chef ist sicher dagegen.	Ich werde ihn überzeugen.
6. Die Kollegen lachen mich aus.	Ich resigniere nicht gleich.
7. Das funktioniert nicht.	Wenn ich will, geht es.
8. Die Praxis sieht anders aus.	Neue Methoden nicht ablehnen.
9. Das ist zu umständlich.	Nur am Anfang ist es nicht leicht.
10. Es geht auch so ganz gut.	Mit mehr Strategie geht es besser.

Tagesseminar: Die perfekte Telefonistin – erfolgreich sein mit schwierigen Anrufern

Programm

1. Die Begrüßung am Telefon: sofort sympathisch wirken
2. Kundenorientierte Gesprächsweiterleitung
3. Souverän reagieren auf Vorwürfe eines Anrufers
4. Anliegen konkret klären – Hilfe anbieten
5. Ungeduldige Kunden vertrösten
6. Anrufer abwimmeln – Chefs abschirmen
7. Schwierige Anliegen erfassen und weiterleiten
8. Mit Wortwahl und Stimme gut wirken
9. Stress und Hektik bewältigen
10. Auf schwierige Kundenfragen reagieren
11. Smalltalk-Themen und »Tabus«
12. Auf nicht eingehaltenen Rückrufe reagieren
13. Kunden persönlich empfangen
14. Mindest-Informationen, die Sie brauchen
15. Gute Fragen bringen bessere Antworten
16. Mit schwierigen Namen umgehen

Zielgruppe

Telefonistinnen und Mitarbeiterinnen, die ganz- oder halbtags in der Zentrale arbeiten, sowie Damen und Herren, die kundenorientiertes Verhalten am Telefon trainieren wollen.

Ziel

Die Telefonzentrale ist die Visitenkarte eines Unternehmens. In wenigen Sekunden macht sich der Anrufer ein Bild über die Dame am Telefon, die auch bei Stress und Hektik kompetent und sympathisch wirken muss. Das Seminar soll den Mitarbeiterinnen in Zentrale und Sekretariat helfen, noch besser auf schwierige Anrufer zu reagieren und auch dann ein positives Klima zu schaffen, wenn die Ausgangssituation schwierig ist.

Moderation

Diplom-Betriebswirt Rolf Leicher, Kommunikationstrainer und Autor, Heidelberg

2. Sitzen Sie gut?

Büroarbeit ist medizinisch gesehen Schwerarbeit. Die Erkrankungen des Bewegungsapparates – also Beschwerden, die bei sitzender Tätigkeit verstärkt auftreten – sind eine der häufigsten Krankschreibungsursachen. Der Mensch verbringt bis zu 80.000 Stunden sitzend am Arbeitsplatz. Die Folgen dieser durch die Arbeit bestimmten »Bewegungslosigkeit« sind Erkrankungen des Bewegungsapparates und der Augen. Anatomisch ungenügende Arbeitsstühle und falsches Sitzverhalten tragen erheblich zu Beschwerden des Skelettsystems bei. Dabei verlangt die Arbeitsstättenverordnung, dass die Sitzgelegenheit dem Arbeitsablauf und der Handhabung der Betriebseinrichtung entsprechen soll.

Nachteile des Sitzens

Wer sitzt, entlastet seinen Kreislauf und reduziert den Energiebedarf. Diesen Vorteilen stehen allerdings auch gewisse Nachteile gegenüber. Das lang dauernde Sitzen führt zu einer Erschlaffung der Bauchmuskulatur (Sitzbauch) und zur Entwicklung des Rundrückens. Das nach vorn gebeugte Sitzen ist außerdem für die inneren Organe, insbesondere für die Verdauungs- und Atmungsorgane, ungünstig. Die schwerwiegendsten Probleme bekommen jedoch die Wirbelsäule und die Rückenmuskulatur zu spüren, die bei vielen Sitzhaltungen nicht nur entlastet, sondern sogar in besonderer Weise belastet werden. Die Folge sind Halswirbelsäulenerkrankungen. Diese Beschwerden stehen eindeutig in Zusammenhang mit der sitzenden Arbeitsweise. Das haben Arbeitsmediziner nachgewiesen. Denn Sitzarbeit unter ergonomisch nicht einwandfreien Bedingungen führt zu gesundheitlichen Problemen. Dies zeigt sich in erster Linie natürlich in Rückenschmerzen, aber auch in Verspannungen und Verkrampfungen der Muskulatur. Auch Kopfschmerzen können durch statisches und verkrampftes Sitzen hervorgerufen werden. Schließlich müssen auch noch Krampfader-Probleme sowie Kreislaufbeschwerden darauf zurückgeführt weden.

Richtiges Sitzen

1. Sitzen Sie dynamisch! Verändern Sie häufig Ihre Sitzhaltung. Vermeiden Sie statisches Sitzen.
2. Die anatomisch geformte Sitzfläche muss ganz besessen werden, damit die Rückenlehne stützen kann. Setzen Sie sich deshalb auf Ihrem Arbeitsstuhl so weit wie möglich nach hinten.
3. Stellen Sie die Rückenlehne so ein, dass Sie im Bereich der Lendenwirbel abgestützt werden (etwa eine Handbreit über dem Sitz). Eine dynamische Rückenlehne sollte unblockiert benutzt werden.

4. Die Sitzhöhe ist dann richtig eingestellt, wenn die Oberschenkel in etwa waagrecht verlaufen, im vorderen Sitzbereich nicht eindrücken und so mit den Unterschenkeln einen rechten Winkel bilden.
5. Kleinere Menschen sollten unbedingt eine großflächige Fußstütze nutzen. Füße benötigen beim Sitzen sicheren Bodenkontakt.

Ideal ist der Arbeitssitz für den Wechsel zwischen vorderer und hinterer Sitzhaltung oder anders ausgedrückt: für dynamisches Sitzen. Auch wenn Sie über keine höhenverstellbaren Stühle verfügen, können Sie mit einfachen Mitteln Ihre Sitzposition verbessern. So unterstützt ein Sitzkeil oder ein Kissen Ihre Sitzhaltung. Sitzbälle helfen (nach etwas Eingewöhnung) bei der aufrechten Sitzposition – sind aber aus der Mode gekommen. Durch das dynamische Sitzen, das heißt durch eine häufig wechselnde Sitzhaltung, wird vor allem die Belastung der Wirbelsäule erheblich reduziert und eine aktive Vorbeugung für so manches Rückenproblem geleistet.

Abwechselndes Stehen und Sitzen

Der beliebige Wechsel zwischen stehender und sitzender Arbeitshaltung ist optimal. Ermüdungserscheinungen durch Sitzen werden durch den Wechsel mit stehender Arbeit weitgehend aufgehoben. Tatsächlich werden im Stehen und im Sitzen nicht die gleichen Muskeln beansprucht, so dass jeder Haltungswechsel mit einer Entlastung bestimmter Muskelgruppen zu Lasten anderer Muskelgruppen verbunden ist.

Sitzgewohnheiten ändern

Der konventionelle Bürostuhl kann zum gesunden Sitzen benutzt werden, wenn seine Vorzüge richtig genutzt werden. Das heißt: nicht auf die Kante vor rutschen und mit krummem Rücken über den Tisch beugen. Der Rücken muss Kontakt zur Lehne haben, die Lendenwirbelsäule – das »Kreuz« – senkrecht zur Sitzfläche stehen. Ein gerade Stuhl dürfte also nur mit einer schrägen Tischplatte kombiniert werden. Das gilt auch für den Computer- und Schreibmaschinentisch. Abhilft schafft nicht nur der bequeme Bürostuhl, sondern die aufrechte Sitzhaltung. Das muss zur festen Gewohnheit werden. Ganz bewusst den Rücken aufrichten, den Blick gerade nach vorne, die Schultern zurück und die Brust raus. Spüren Sie die gerade Haltung? Und dann wieder lockerlassen und gleich noch einmal. Und wenn Sie aufstehen, richten Sie sich auf und genießen Sie ganz bewusst den Moment, in dem sich die Muskelspannung löst.

So bleiben Sie in Bewegung

Neben diesen gezielt gewählten Pausen sollten Sie die »gewöhnlichen« Bewegungsmöglichkeiten im Büroalltag wahrnehmen.

- Nutzen Sie jede Gelegenheit, um im Büro vom Stuhl aufzustehen.
- Führen Sie Ihre Telefonate im Stehen. Falls Sie sich Notizen machen müssen, bleiben Sie zumindest so lange stehen, bis die Verbindung zustande gekommen ist. Oder halten Sie Ihre Notizzettel auf einem Stehpult parat.
- Holen Sie Ihre Akten oder Informationen häufiger selbst.
- Machen Sie Ihre Kopien oft selbst und beauftragen Sie niemand anderen damit.

Fazit

Auf das richtige Sitzmöbel kommt es an. Aber – auch durch richtiges Sitzen verbessern Sie Ihre Haltung und beugen den bekannten Rückenbeschwerden vor. Dynamisch sitzen heißt, dass Sie Ihre Sitzposition im Büro oder im Verkehrsmittel immer wieder verändern: Beine strecken oder übereinander geschlagen und das Gewicht mal verlagern oder den Rücken strecken. Kontrollieren Sie sich: Wie sitzen Sie gerade? Vornüber gebeugt an einem Tisch, die Ellbogen aufgestützt? Das ist für Ihre Wirbelsäule ungesund. Die günstigste Haltung ist aufrecht, mit einer Unterstützung der Lendenwirbelsäule durch einen anatomisch richtig geformten Bürostuhl. Wenn Sie sich bücken müssen oder etwas anheben, so beugen Sie die Knie und halten den Rücken gerade. Heben Sie ein Gewicht dann »aus den Beinen« und nicht »aus dem Rücken«. Durch etwas Aufmerksamkeit im Alltag können Sie Ihre Wirbelsäule also schon deutlich entlasten.

Literatur für gutes Sitzen

- »Bewegung« – Broschüre aus der Tk-Schriftenreihe, von Dr. Wolfgang Ritzdorf, Hamburg, 1992.
- »Sitzen Sie richtig?« Studien von Wilhelm Hünting, Herausgeber: Bayerisches Staatsministerium für Arbeit, München 1995
- Sedus Informationen, Christof Stoll GmbH & Co, Waldshut 1999

Bürogymnastik

Am Telefon kommt es leicht zu Verspannungen der Muskulatur. Tun Sie etwas dagegen:

Seitwärts beugen: Hände falten und Arme über den Kopf heben, Ellenbogen gestreckt halten. Arme so weit zurückpressen wie möglich, langsam nach links, dann nach rechts lehnen. Dies dehnt Seiten und Rücken von der Schulter bis zu den Hüften.

Armdrücken: Heben Sie die Arme bis in Schulterhöhe seitwärts, Ellenbogen abgewinkelt und parallel zum Boden. Drücken Sie die Ellenbogen so weit nach hinten wie möglich, fünf Sekunden halten. Fünfmal wiederholen. Dehnt den oberen Rücken und die Armmuskulatur.

Dehnübungen für den Rücken: Den rechten Arm vor den Hals führen, den Ellenbogen mit der linken Hand ergreifen und ihn sanft in Richtung auf die linke Schulter hin drücken, fünf bis zehn Sekunden halten. Seitenwechsel. Dehnt die Schultern und die mittleren Partien des oberen Rückens.

Beine heben: Heben Sie die Beine nach vorne gerade ausgestreckt und halten Sie diese in einer L-Position. Fünf bis zehn Sekunden halten. Stärkt den Quadrizeps und die Bauchmuskulatur.

Windmühle: Setzen Sie die Füße in Schulterbreite auseinander. Beugen Sie nach vorne und berühren Sie mit der rechten Hand den linken Fuß, den linken Arm dabei nach oben ausgestreckt. Wechseln Sie die Seiten. Jeweils fünfmal. Dehnt die Seiten, die Hüften und den unteren Rücken.

Dehnübungen für den oberen Rücken: Mit den Fingerspitzen auf die Schultern fassen, die Ellenbogen streng seitwärts ausrichten. Nun führen Sie die Ellenbogen nach vorne, bis Sie die Dehnung im Rückenbereich spüren. Zehn Sekunden halten und dann wiederholen. Vermindert Muskelsteifheit im oberen Rückenbereich.

Dehnung der Schulter: Führen Sie die rechte Hand von oben her auf die obere Rückenpartie. Gleichzeitig nehmen Sie die linke Hand auf den Rücken und führen sie so weit nach oben wie Sie können. (Wenn es geht, fassen Sie die Hände.) Halten Sie zehn Sekunden. Wechseln Sie die Position der Arme. Vermindert Spannung und verbessert die Beweglichkeit.

Schlusswort

Nun kommt es darauf an, dass Sie die gelesenen Informationen umsetzen, natürlich nicht alle auf einmal und nicht eins zu eins. Gehen Sie schrittweise vor: Nach und nach werden Sie die einzelnen Inhalte verinnerlichen.

Dabei darf nicht übersehen werden, dass es, wie in allen Tätigkeitsbereichen, einer öfteren Selbstkontrolle bedarf, will man seine telefonische Kommunikation noch weiter erfolgreich steigern. Selbstaufnahmen – Diktiergerät oder Kassettenrecorder eignen sich dafür vorzüglich! – sind unerlässlich und können einem Schwächen offen legen, über die man sonst oft jahrelang stolpert, ohne sie überhaupt zu bemerken. Wenn man dabei auch nur die eigenen Worte und Sätze beim Abhören der Aufnahme kritisch beurteilen kann, so genügt dies völlig (und widerspricht auch den gesetzlichen Vorschriften über den Datenschutz nicht). Festgestellte Fehler kann man dabei wirksam ausmerzen, wenn man ein Stichwort auf einen Zettel schreibt, z. B. »Nicht wortlos zuhören« oder »Äh, äh!« oder »Gut artikulieren!« und diesen Zettel zwei Tage lang neben seinen Telefonapparat hinlegt. Das Stichwort mahnt einen dann, bewusst auf den betreffenden Fehler zu verzichten.

Warum lohnt es, das Gesprächsverhalten am Telefon weiterzuverbessern?

- Es macht Spaß.
- Die Gespräche verlaufen angenehmer.
- Es bringt mehr Partnerschaft.
- Es führt zu mehr Erfolg.
- Ärger, Stress und Frust werden reduziert.
- Der Kunde ist zur Mithilfe bereit.
- Das Erscheinungsbild der Firma wird verbessert.
- Die Kunden werden an das Unternehmen gebunden.

Quellenverzeichnis

Haucke, Manfred:
DIE ERFOLGREICHEN REGELN FÜR ÜBERZEUGENDES SPRECHEN UND VERHANDELN AM TELEFON.
Kissing: WEKA-Verlag, 1983

Scheitlin, Victor:
DIE TÜCHTIGE TELEFONISTIN.
St.Gallen: Fachmed-Ag, 1988

Leicher, Rolf:
DER PROFESSIONELLE TELEFONKONTAKT MIT KUNDEN:
Renningen: Expert Verlag GmbH, 2003

Leicher, Rolf:
VERKAUFEN, (3. Auflage).
Planegg/München: Haufe Verlag GmbH, 2002

Leicher, Rolf:
DER TELEFONISCHE KUNDENKONTAKT (Seminardokumentation).
Esslingen: Technische Akademie, 2004

Leicher, Rolf:
DIE TELEFONZENTRALE – VISITENKARTE DES UNTERNEHMENS.
Ulm: IHK-Weiterbildungszentrum, 2004

Stolz, Rainer:
WIE SIE IHRE WETTBEWERBER HINTER SICH LASSEN.
Heidelberg: Sauer Verlag, 1995

Folgende Titel der Reihe »New Business Line« sind lieferbar

Management

Marion E. Haynes
Projekt-Management
Von der Idee bis zur Umsetzung
Der Projekt-Lebenszyklus – Faktor Qualität/Zeit/Kosten – Erfolgreicher Abschluss

Hans-Jürgen Kratz
Mobbing
erkennen – ansprechen – vorbeugen

Hans Kiesow
Kündigungsgespräche
Sicherheit gewinnen / Praxiserprobte Gesprächstechniken anwenden / Schwierige Situationen meistern / Konflikte vermeiden

Robert G. Wittmann
Unternehmensstrategie und Businessplan
Eine Einführung

Marketing/Verkauf/PR

Richard Gerson
Der Marketingplan
Stufenweise Entwicklung – Umsetzung in die Praxis – Checklisten und Formulare

Mary Averil/Bud Corking
Netzwerk-Marketing
In fünf Schritten zum professionellen Direktverkauf

Rolf Leicher
Telefonzentrale und Besucherempfang
Kunden kompetent begrüßen / Gewinnend telefonieren / Mit schwierigen Anrufern umgehen / Professionell auftreten

Werner Pepels
Grundlagen der Werbung
Konzept / Werbemittel / Mediaplanung / Direktwerbung / Gestaltung / Realisierung

Thomas H. Jachens
Professionelles Verkaufen
Kundenerwartungen erkennen / Verkaufsgespräche positiv gestalten / Abschlüsse erreichen / Richtig kommunizieren

Controlling Finanz- und Rechnungswesen

Peter Kralicek
Bilanzen lesen – eine Einführung
Keine Angst vor Kennzahlen

Peter Kralicek
Grundlagen der Kalkulation
Kosten planen und kontrollieren / Kostensenkungsprogramme / Preisgrenzen und Zielpreise / Methoden / Fallbeispiele

Wolfgang Lang
Unternehmensfinanzierung
Unternehmensrating verbessern / Eigenkapital stärken / Unternehmenswert steigern / Mit dem Geschäftsplan überzeugen

Arbeitstechniken

Uwe Scheler
Vortragsfolien und Präsentationsmaterialien
Power-Point / Beamer / Overhead / Flip-Chart

Peter Capek
Mind Mapping
besser strukturieren – schneller protokollieren – deutlicher visualisieren

Mario Klarer
Präsentieren auf Englisch
Überzeugender Auftritt – treffende Formulierung – klare Visualisierung

Peter Kürsteiner
Gedächtnistraining
Mehr merken mit Mnemotechnik – Grundlagen der Gedächtniskunst – Namen, Zahlen, Vokabeln behalten – praxisnahe Übungen

Wolfgang Winter
Wissenschaftliche Arbeiten schreiben
Hausarbeiten – Diplom- und Magisterarbeiten – MBA-Abschlussarbeiten – Dissertationen

Persönlichkeitsentwicklung

Marion E. Haynes
Persönliches Zeitmanagement
So entkommen Sie der Zeitfalle

Roman Braun
NLP – eine Einführung
Kommunikation als Führungsinstrument

Stefan Czypionka
Umgang mit schwierigen Partnern
Erfolgreich kommunizieren mit Kunden, Mitarbeitern, Kollegen, Vorgesetzten u. a. m.

Karin Ruck
Professionelles Networking
Kontakte knüpfen / Beziehungen pflegen / Verbindungen nutzen